知性を磨く

「スーパージェネラリスト」の時代

田坂広志

光文社新書

目次

第一話　なぜ、高学歴の人物が、深い知性を感じさせないのか？　6
第二話　「答えの無い問い」に溢れる人生　18
第三話　なぜ、「割り切り」たくなるのか？　24
第四話　「割り切り」ではない、迅速な意思決定　30
第五話　精神のエネルギーは、年齢とともに高まっていく　36

第六話　「固定観念」を捨てるだけで開花する能力　42
第七話　なぜ、博識が、知性とは関係無いのか？　50
第八話　頭の良い若者ほど、プロフェッショナルになれない理由　60
第九話　なぜ、優秀な専門家が、問題を解決できないのか？　72
第一〇話　「スーパージェネラリスト」とは、いかなる人材か？　80
第一一話　「垂直統合の知性」を持つスーパージェネラリスト　86
第一二話　スーパージェネラリストに求められる「七つの知性」　94
第一三話　なぜ、経営者がスーパージェネラリストになれないのか？　100

第一四話　「予測」できない未来を「予見」するには、どうすればよいのか？　108
第一五話　なぜ、「目標」と「ビジョン」が混同されるのか？　120
第一六話　「志」と「野心」は、何が違うのか？　130
第一七話　なぜ、「戦略」とは「戦わない」ための思考なのか？　136
第一八話　なぜ、優れたプロフェッショナルは、「想像力」が豊かなのか？　144
第一九話　「知性」を磨くための「メタ知性」とは何か？　154
第二〇話　なぜ、古典を読んでも「人間力」が身につかないのか？　168

第二一話　あなたは、どの「人格」で仕事をしているか？　180
第二二話　なぜ、多重人格のマネジメントで、多彩な才能が開花するのか？　188
第二三話　なぜ、スーパージェネラリストの知性は、現場にあるのか？　198
第二四話　なぜ、人類は、二〇世紀に問題を解決できなかったのか？　210
第二五話　「二一世紀の知性」とは、いかなる知性か？　218
謝辞　226

第一話

なぜ、高学歴の人物が、深い知性を感じさせないのか？

そもそも、「知性」とは何か？

「知性を磨く」

それが、本書のテーマ。

おそらく、このテーマには、多くの読者が興味を持たれるだろう。

なぜなら、世の中では、この**「知性」という言葉は、一般に、次のような表現で使われるから**だ。

いわく、

「あの人の、知性的な雰囲気が魅力だ」
「あの人の、知性的な語り口が素敵だ」

それゆえ、その「知性」を磨く方法があるならば、それを知ってみたいと思われる方もいるだろう。

しかし、その本題に入る前に、読者とともに、一つの問いを考えてみたい。

そもそも、「知性」とは何か？

実は、このことを考えるためには、まず、**「知性」という言葉と「似て非なる言葉」があることを理解しなければならない。**

では、その「似て非なる言葉」とは何か？

最初に、我々が、職場などで目にする、あるシーンを紹介しよう。

深みの無い「新事業企画」

「理屈では、たしかに、そうなのだけれど・・・」


木村マネジャーは、微笑みながら、そう言った。

ある会議での光景。

若手の田中君が、先ほどから、中堅のマネジャー諸氏を前に、新事業企画のプレゼンテーションを行っている。

彼の弁舌は爽やか。立て板に水。

頭の回転は速い。話も論理的。

プレゼンのスライドも見やすく、選び抜いた言葉。

さすが、偏差値の高い大学を、優秀な成績で卒業しただけある。

本人も、ここまでのプレゼンで、自分の提案する新事業企画が、十分な説得力をもって説明できたと思っている。

少し自信を感じさせる表情で、会議室を見渡す、田中君。
しかし、なぜか、会議室のマネジャー諸氏からは、コメントが出ない。
皆、少し考えながら、言葉を選んでいる。

「いかがでしょうか・・・」

その田中君の声に、会議を主宰する木村マネジャーが、マネジャー諸氏の気持ちを代表するように言った。

「理屈では、たしかに、そうなのだけれど・・・」

それが、冒頭のシーン。
中堅のマネジャー諸氏は、誰もが感じていること。
新事業開発というものは、田中君が語るほど、簡単に理屈で割り切れるものではない。
市場規模の数字や事業戦略の論理の向こうに、顧客の生の声や思いというものがある。

そのことは、一度でも新事業開発に真剣に取り組んだ人間ならば、誰もが分かっている。
ただ、そのことを説明しても、まだ経験の浅い田中君は、おそらく理解できないだろう。

「何が、問題なのでしょうか？」

木村マネジャーの言葉を受け、田中君、思わず、そう聞く。
しばしの沈黙の後、木村マネジャーが、優しい表情で答える。

「何と言うか、この企画は、少し深みが足りないんだね・・・。
新事業企画には、数字などのデータには現れない要素が沢山ある。
もう少し、そうした『目に見えないもの』を考えてみたらどうかな・・・」

その言葉の意味を掴みかね、戸惑う田中君。

その田中君に救いの手を差し伸べるように、上司の山本マネジャーが、声をかける。

「よし、田中、明日、もう一度、一緒に店舗周りをしてみよう！
　現場で、木村マネジャーの言っている意味を、一緒に考えてみよう！」

救われたような表情で頷く田中君。
明日の店舗周りでは、きっと、何かを掴めるだろう。

周りにいる「不思議な人物」

さて、読者は、こうしたシーンに遭遇したことはないだろうか？
そして、読者の周りに、この田中君のような若手がいないだろうか？

学歴は一流。偏差値の高い有名大学の卒業。
頭脳明晰で、論理思考に優れている。
頭の回転は速く、弁も立つ。

データにも強く、本もよく読む。

しかし、残念ながら、

思考に、深みが無い。


そうした若手がいないだろうか。

いや、それは若手だけではない、実は、こうした「頭は良いが、思考に深みが無い」と評すべき人物は、年齢に関係なく、存在する。

そして、「思考に深みが無い」ため、これらの人物からは、「知性的」な雰囲気が伝わってこない。

端的に言えば、「**高学歴**」**であるにもかかわらず、深い**「**知性**」**を感じさせない人物。**

そうした不思議な人物が、身の周りにいないだろうか？


おそらく、読者諸氏の職場の上司や同僚、後輩や部下の中にも、また、友人や知人の中にも、こうした人物がいるのではないだろうか。

「知性」と似て非なる言葉

では、なぜ、こうした不思議な人物がいるのか？
もし、その理由を知りたければ、「知性」という言葉と似て非なる、もう一つの言葉の意味を理解する必要がある。
それは、何か？

「知能」

その言葉である。

では、「知性」と「知能」は、何が違うのか？

実は、この二つは、**全く逆の意味の言葉。**

端的に、この二つの言葉の定義を述べておこう。

「知能」とは、「答えの有る問い」に対して、早く正しい答えを見出す能力のこと。

例えば、世の中には「知能検査」というものがあるが、この検査の一つの重要な柱は、正解の有る問題を数多く解かせ、いかに迅速に、正解に到達できるかを測るものである。

すなわち、「知能」というものの一つの重要な意味は、まさに、「答えの有る問い」に対して、速く、正しい答えを見出す能力に他ならない。

そして、言うまでもないが、現在の中学、高校、大学などの入学試験で測られるのは、この意味における「知能」であり、現在の「学歴社会」において受験競争を勝ち抜いてきた「**高学歴」の人間とは、この意味での「知能」が高い人間のこと**に他ならない。

これに対して、**「知性」とは、この「知能」とは全く逆**の言葉。

二つ並べて述べておこう。

「知能」とは、「答えの有る問い」に対して、早く正しい答えを見出す能力。

「知性」とは、「答えの無い問い」に対して、その問いを、問い続ける能力。

すなわち、「知性」とは、容易に答えの見つからぬ問いに対して、決して諦めず、その問いを問い続ける能力のこと。

ときに、生涯を賭けて問うても、答えなど得られぬと分かっていて、それでも、その問いを問い続ける能力のこと。

知性とは「哲学的思索」のことか？

例えば、一九七七年に「散逸構造論」の業績でノーベル化学賞を受賞したイリア・プリゴジン博士は、若き日に、「なぜ、時間は、過去から未来へと一方向にしか流れないのか？」との問いを抱き、その問いを数十年の歳月を超えて問い続け、この「散逸構造論」という理論を生み出すに至った。

これは、見事な「知性」の営みと呼べるものであろう。

同様に、

「なぜ、この宇宙は生まれたのか?」

「なぜ、生命は進化していくのか?」

「心とは何か?」

「人類は、どこに向かっていくのか?」

「私とは何か?」


といった問いは、いずれも「答えの無い問い」。


一人の人間が生涯を賭けて問うても、その答えを得ることができない問い。

人類がこれから百年の歳月を賭けて問うても、容易に答えの得られぬ問い。

そうした問いを問い続ける力が、「知性」と呼ばれるものであろう。

ただ、こう述べると、読者の中から、声が挙がるかもしれない。

「なるほど、そういった深遠な哲学的な思索をする力が、知性なのか・・・」

しかし、そうではない。

「答えの無い問い」は、決して、深遠な哲学的領域の中にだけあるのではない。

我々の日々の生活の中にも、日々の仕事の中にも、無数に、この「答えの無い問い」がある。

第二話

「答えの無い問い」に溢れる人生

「成績優秀」な友人の悩み

大学時代、一人の友人が、相談に来た。

それは、教養課程から専門課程への進路を決める時期。

著者が学んだ大学の工学部では、大学二年次の終わりに、三年次から学ぶ専門課程を選ぶ。例えば、機械工学科を選ぶか、応用化学科を選ぶかといった選択を迫られる。そして、自分の希望した学科が人気のある学科のときは、教養課程での成績（点数）順に選ばれるため、学生は、皆、自分の成績（点数）と、自分の希望する学科の人気度（合格点数）との間で頭を悩ませながら、進路を決めていく。

そうした時期に、その友人が、進路についての相談に来たのだが、彼が見せてくれた成績（点数）は、どの学科でも合格できるほど優秀な成績であった。
それを見た著者は、彼に言った。

「この点ならば、最高の人気を誇る建築学科でも行けるな・・・」

すると、彼は、何と言ったか？

「うん、そうなんだが、自分は悩んでいる。
実は、自分は、金属工学科で材料工学を勉強したいと思っているんだ・・・」

普通、この会話では、「だったら、そうすれば良いじゃないか・・・」と誰もが口にするところだが、著者は、彼の悩みの意味が分かった。
当時、金属工学科はあまり人気の無い学科であり、教養課程の成績の良くない学生が進学する学科と思われていたからだ。

彼の悩みは、自分の好きな学科に進学することの周りから見たイメージの悪さと、自分の成績ならば、最もイメージの良い建築学科に進学できることとの間での、ある意味「贅沢な悩み」でもあったが、それは、自分の「希望」と「プライド」との間での葛藤でもあった。

悩んだ末、彼は、結局、建築学科を選んだ。

そして、あれから四〇年余りの歳月を経て、彼はどのような人生を送ったか？

彼は、大学卒業後、世界的に著名な建築事務所での修業を経て、一人の素晴らしい建築家としての道を歩んだ。

この話を聞かれると、読者は、「それならば、良かったじゃないか」と思われるだろう。

しかし、そうだろうか？

もし、彼が、あのとき、金属工学科を選んだならば、どのような人生になったか？

それは、実は、誰にも分からない。

あの後、材料工学のブームが到来し、金属工学科は、一躍、学生から大人気の学科になった。そして、様々なイノベーションが起こる研究分野になり、産業としても大きく成長する分野になった。

もし彼が、あのとき、金属工学科を選んだならば、どのような道を歩んだか？　どのような人生になったか？

それは、誰にも分からない。


成功したと思われる人生を歩んだ後でさえ、もう一つの道がどのような道であったか分からない。

それが人生の真実の姿であるならば、若き日に、進路の選択肢を前に我々が悩むとき、それは、まさに、「答えの無い問い」の前で佇む（たたず）ときに他ならない。


そして、我々は、こうした「答えの無い問い」の前で、「悩む必要は無い。自分の好きな道を選べば良い」という声や「折角、極めて狭き門の学科に進学できるのだ。そちらを選ぶべきだ」という声に従い、人生の選択をしていく。

このように、自分の人生を見つめれば、そこには、進学、就職、結婚、転職を始めとして、人生の進路や選択に関わる「答えの無い問い」が、いくつもある。

そうであるならば、その「**答えの無い問い**」に深く向き合う力、すなわち「知性」というものが、**人生において、どれほど大切であるか**は、論ずるまでもないだろう。

そして、その「**答えの無い問い**」は、日々の仕事の中にもある。

部下に転属を命じるか否か？

例えば、部下の転属を命じるとき。

斉藤企画部長は、中村営業部長から、若手の部下、鈴木君が欲しいと言われている。

自分の下で、もう少し企画の修業をさせてあげるべきか、営業で、新たなスキルを磨かせてあげるべきか？

「営業が欲しいと言っているときだからこそ、彼が新天地で活躍できるチャンスではないか？」

「いや、企画部でいま担当しているプロジェクトを軌道に乗せることが、彼の今後の大きな自信になるのではないか？」

実は、この問いは、もし真剣に考え始めたならば、まさに、「答えの無い問い」。
この問いに対して、多くのマネジャーは、あまり深く考えることなく、結論を出していく。そして、そのことは、必ずしも批判されることではない。様々な意思決定事項が山積しているマネジャーの多忙な業務のなかで、こうした一つの案件に、多くの時間と精神のエネルギーをかけて結論を出す余裕は無い。それが現実である。
しかし、仮に、短時間で判断を下していくとしても、我々マネジャーが、理解しておくべきことがある。

一人の部下に転属を命じるか否かということ一つでも、本当は、深く考えるならば「答えの無い問い」であるという事実。

その事実を知って判断に向かうマネジャーと、その事実に気がつかず判断に向かうマネジャーは、その「知性」の在り方において、大きな違いが生まれてくる。

第三話

なぜ、「割り切り」たくなるのか？

「答えの無い問い」に直面する「知能」

こう述べてくると、読者には、理解して頂けたのではないだろうか。

我々の人生においては、日々の生活の中にも、日々の仕事の中にも、無数に「答えの無い問い」がある。

そして、その「答えの無い問い」を前に、その問いを、深く問い続けることのできる能力、それが「知性」に他ならない。

これに対して、「知能」とは、「答えの有る問い」に対して、早く正しい答えを見出す能力のこと。

では、この「**知能**」が、「**答えの無い問い**」に直面したとき、何が起こるか？

端的に言おう。


「**割り切り**」


「知能」は、それを行う。

すなわち、**考えてもなかなか答えの出ない問題を前にしたとき、「知能」は、この「割り切り」という行為に走る。**

例えば、先ほどの部下の転属の問題に直面した企画部長が、こう考える。


「まあ、営業部長が鈴木君を欲しいと言っているのだから、それでいいか・・・」

「まあ、鈴木君なりに、新天地で頑張っていくだろう・・・」

もしくは、

「いや、ここで鈴木君を取られると、こっちも困るんだね・・・」

「きっと、鈴木君も、いまのプロジェクトを完遂したいのではないかな・・・」

どの考えも、一つの考えであり、決して間違ったことは言っていない。
しかし、こうした**判断の奥にある、心の姿勢が、実は問題。**
それは、何か?

「楽になりたい」と叫ぶ心

これも端的に言おう。

「楽になりたい」

この部長の心の中で、その思いが動いている。

「この問題は、いくら考えても、正解など無いのだから、
これ以上考えても仕方がない。

これ以上、この問題を考えても、
精神のエネルギーを無用に使うだけだ・・・」

そうした心が、無意識と意識の境界のところで動いている。
著者も、一人のマネジャーとして、一人の経営者として、道を歩んだ人間。
この部長の気持ちは分かる。

しかし、その「分かる」という思いの一方で、かつて文芸評論家・亀井勝一郎が語った言葉が、心に浮かんでくる。

「割り切りとは、魂の弱さである」

この言葉は、厳しい言葉。
しかし、まぎれもなく、一つの真理を突いた言葉でもある。

たしかに、**我々の精神は、その容量を超えるほど難しい問題を突き付けられると、その問題を考え続けることの精神的負担に耐えかね、「割り切り」を行いたくなる。**

問題を単純化し、二分法的に考え、心が楽になる選択肢を選び、その選択を正当化する理屈を見つけ出す。

いわく、先ほどの理屈、

「相手が欲しいと言っているのだから・・・」
「彼なりに、頑張っていくだろう・・・」
「こちらが困るのだから・・・」
「彼も、そう思っているだろう・・・」

そういった理屈である。
しかし、では、なぜ、こうした「割り切り」が問題か？
それが、まさに、本書のテーマ。

「知性を磨く」ことができなくなる。

すなわち、精神が「楽になる」ことを求め、「割り切り」に流されていくと、深く考えることができなくなり、「答えの無い問い」を問う力、「知性」の力が衰えていくのである。

第四話

「割り切り」ではない、迅速な意思決定

「割り切り」の対極の方法

しかし、こう述べると、読者から質問が出るかもしれない。

「精神の弱さに流され、『割り切り』をするべきではないという考えは分かるが、現実の人生や仕事においては、目の前の選択肢の中から何かを選ばなければならないときがあるだろう。そのとき、『割り切り』をせずに、迅速な意思決定をすることができるのか？」

大切な質問であるが、その答えは明確。

「割り切り」をせず、迅速な意思決定をすることはできる。

では、どうするか？

もとより、「割り切り」をするべきではないと言っているのは、**「迅速な意思決定」**をするべきではないと言っているわけではない。**「精神の弱さに流された意思決定」**をするべきではないと述べている。

そうであるならば、**「精神の弱さに流されない迅速な意思決定」**とは、何か？

それが、昔から語られる、もう一つの言葉である。

「腹決め」

すなわち、「これで行くしかないか・・・」と、腹も定まらず、受動的に意思決定する**のではなく、「これで行こう！」と、腹を定め、能動的に意思決定する**ことである。

先ほどの部下の転属の例で言えば、

「営業部長が欲しいと言っているのだから、まあ、良いか・・・」

という**「割り切った」心の姿勢**ではなく、

「営業部長から声がかかったのも、何かの意味がある。

この転属が、彼の飛躍の機会となることを祈って、転属を受け入れよう!」

という**「腹を決める」心の姿勢**である。

「割り切り」と「腹決め」の違い

もう一度言うが、この「割り切り」と「腹決め」、何が違うか?

前者の「割り切り」の心の姿勢は、心が楽になっている。

しかし、後者の「腹決め」の心の姿勢は、心が楽になっていない。


そして、この二つの心の姿勢がもたらすものは、大きく違う。

おそらく、前者の「割り切り」をした企画部長は、転属を命じた部下のことは、まもなく忘れていくだろう。

後者の「腹決め」をした企画部長は、転属を命じた部下のことを、時折、思い出し、「彼は、営業で頑張っているかな・・・」「何年かしたら、また、企画部に戻してやろうか・・・」といった形で、心に抱き続けるだろう。


臨床心理学者の河合隼雄が、かつて「**愛情とは、関係を断たぬことである**」との言葉を残しているが、まさに、その通り。

後者の企画部長は、「**心の中で関係を断たぬ**」**という形で、かつての部下に対する愛情を抱き続ける**ことができるだろう。それができるほどの「**精神のエネルギー**」を心に宿しているからだ。

そして、その精神のエネルギーこそが、「知性」というものの根底にある力。「知性」を磨き続けるために求められる力。

そのエネルギーがあるからこそ、我々は、「答えの無い問い」を、問い続けることができる。

知性の「最も高度な形態」

ちなみに、この河合隼雄の語る、「愛情とは、関係を断たぬことである」という言葉は、世に語られる数ある「愛情」の定義の中で、人生を生きるための最も具体的な「指針」となる言葉であろう。

たしかに、河合隼雄の言葉、「愛情とは、関係を断たぬことである」とは、人生の真理を突いている。

真の「愛情」とは、物理的に遠く離れても、相手が何かの利益や喜びを与えてくれることが無くなっても、相手のことを想い続ける力であり、相手に心を残す力に他ならない。

しかし、我々は、この「愛情」と「エゴの所有欲」をしばしば混同してしまう。そして、

「エゴの所有欲」が満たされぬと、ときに、相手に対する心の「関係」を無残に断ち切ってしまう。その背後にあるのは、**「心が楽になりたい」という「エゴの欲求」**であって、真の「愛情」ではない。

それゆえ、真の「愛情」、すなわち、相手に対する心の「関係」を断たぬということは、膨大な精神のエネルギーを、我々に求める。

しかし、それゆえにこそ、「愛情」とは、知性の「最も高度な形態」なのであろう。

第五話

精神のエネルギーは、年齢とともに高まっていく

決して衰えない「精神のエネルギー」

しかし、こう述べてくると、また、読者から疑問の声が挙がるかもしれない。

「知性を磨いていくために、旺盛な精神のエネルギーが求められるならば、
歳を重ねた人間は、エネルギーが衰えていくから、
知性を磨くことは難しいのではないか・・・」

しかし、そうではない。

実は、精神のエネルギーは、歳を重ねるに従い、高まっていく。

肉体のエネルギーは、一般に、四〇歳を迎える前に下降線に入っていくが、実は、**精神のエネルギーは、六〇歳を越えても、まだ高まっていく。**

著者のささやかな経験からも、そのことは言える。

著者は、二〇〇〇年に多摩大学大学院の教授に就任し、それから一四年間、「社会起業家論」を講じてきたが、講義は、毎週火曜日の夜一八時半から二一時半の三時間、休憩なしで行っている。

講義のスタイルも、議論や演習などのリラックスしたスタイルではなく、講師が三時間一本勝負で一気に話をするのに対して、受講生は、「講師と目を交わし無言の対話をする」「過去の経験を振り返りながら聴く」という真剣勝負のスタイルで行っている。

講義の内容は、受講生諸氏からは「**宇宙論から名刺交換まで**」と呼ばれる、極めて多岐に亘る内容であり、**ときに、宇宙論や歴史観、資本主義論や民主主義論などの哲学や思想を語るかと思えば、ネット革命や知識社会のビジョンを語り、ときに、社会起業家の戦略**

思考や異業種連合の戦略・戦術を語るかと思えば、社会起業家の志や使命の意味について語り、ときに、企画力や営業力、話術やプレゼン技術について語るかと思えば、宗教論や人生論、人間学や人間力について語る。

毎週火曜日夜の三時間一本勝負、講義資料も何もない、その日、何が語られるか分からない、この「即興的講義」は、受講生諸氏からは、「冒頭から講義に引き込まれ、あっと言う間に三時間が経ってしまう」と言われるものであるが、同時に、「講義が終わると、どっと疲れる」と言われるものでもある。

たしかに、この多摩大学大学院は、社会人大学院であり、著者の講義の受講生諸氏は、誰もが、一日の多忙な業務を終えた後、品川のキャンパスに駆け付け、三時間の講義を真剣勝負で受けるため、「どっと疲れる」という気持ちも、正直なところであろう。

しかし、当然のことながら、この三時間一本勝負の講義、受講生諸氏も大変であろうが、講師の方は、さらに大変である。

受講生は、椅子に座って三時間だが、講師は、立ったまま語り続け、三時間。

水も飲まず、休憩も挟まずの三時間は、決して楽ではない。

恥を忍んで、正直なことを述べれば、一四年前、このスタイルで講義を始めた頃は、三時間の講義が終わると、椅子に座って、しばらく体を休めたくなったほど深い疲労に包まれた。

しかし、それから一四年。毎年、春学期、秋学期、それぞれ一五回ずつ、この真剣勝負の講義を続けてきた結果、何が変わったか？

いまは、火曜日の夜、三時間の講義が終わった後、仮に「先生、あと三時間！」と講義を求められても、講義を続けることができるほど、精神のスタミナが身についている。実際、この講義の後、二時間近くのゼミをやることもあり、また、オフィスに戻って、深夜一時過ぎまで会議をやることも、しばしばある。

著者の年齢は、この本を上梓した年の四月で六三歳。

一四年前、四九歳の頃に比べて、精神のスタミナ、精神のエネルギーは、衰えるどころか、明らかに高まっている。

素朴な修業で高まる「精神のスタミナ」

では、この精神のスタミナやエネルギーは、どのようにして身についたのか？

著者は、何かの特殊体質でもない普通の人間であり、何かの特別な修業をしたわけでもない。

ただ、毎年、三〇回、三時間の講義を真剣勝負で行ってきただけである。

その修業を一四年以上続けているだけなのだが、六〇歳を越えて、なお、精神のスタミナとエネルギーは、高まり続けている。

このように、**精神のスタミナやエネルギーは、それなりの修業を続ければ、歳を重ねても、衰えることがないばかりか、六〇歳を越えても高まっていく。**

そのことは、いま述べた著者のささやかな経験からも言えることであるが、歴史を振り返るならば、臨床心理学の泰斗、カール・グスタフ・ユングは、六〇歳を越えてあの膨大な著作を残し、画家のパブロ・ピカソも、六〇歳を越えて旺盛な絵画や作品の制作を続けた。また、ピアニストのアルトゥール・ルービンシュタインも、九〇歳近くまで、あの名演奏を続けた。

本来、人間の精神のスタミナやエネルギーは、歳を重ねても、衰えないばかりか、六〇歳を越えても、高まっていく。

では、なぜ、多くの人々が、「精神のエネルギーは、歳を重ねると、衰えていく」と思い込み、実際に、エネルギーが衰えていくのか？

第六話

「固定観念」を捨てるだけで開花する能力

世界的なチェロ奏者の「クイズ」

世の中を見渡すと、たしかに、多くの人々が、「精神のエネルギーは、歳を重ねると、衰えていく」と思い込み、実際に、エネルギーが衰えていく。

実は、その理由は、二つある。

一つは、「固定観念」である。

「人間は、歳を重ねると、肉体だけでなく、精神もエネルギーが衰えていく・・・」

我々は、意識と無意識の境界で、このような「固定観念」を抱いている。
しかし、実は、それは、「思い込み」と呼ぶべき「固定観念」にすぎない。
そのことを教えてくれる、面白いエピソードがある。
何年か前、ＮＨＫの『未来への教室』という番組を観る機会があった。
そのときの登場人物は、世界的なチェロ奏者、ミッシャ・マイスキー。
彼が、ヨーロッパの子供達を集め、音楽の教育をしているシーン。
その教室の中で、マイスキーは、子供達に、クイズを出す。

「君たち、これから、三人のチェロ奏者が、
バッハの無伴奏チェロ組曲の同じ曲を演奏した録音を聴かせてあげる。
そこで、この三人の演奏を聴いて、どの演奏が最も年配の奏者の演奏で、
どの演奏が、最も若い奏者の演奏か、当ててごらん・・・」

そして、マイスキーは、三人の奏者の演奏を子供達に聴かせた。
テレビを通じて、その演奏を聴いた私は、「何と簡単なクイズだ・・・」と思った。

案の定、子供達も、私と同じ答えを口にした。
子供達がクイズの答えを述べた後、マイスキーは、穏やかな笑顔で、こう語った。
「君たちの答えは、それだね。では、正解を教えよう。
君たちが、『最も年配の人の演奏だ』と言った、その重厚な演奏、
それは、実は、一六年前の自分の演奏だよ。
君たちが、『最も若い人の演奏だ』と言った、その軽やかな演奏、
それは、最近の自分の演奏だよ・・・」

「固定観念」という落し穴

このシーンを観て、私は、自分の中にある、無意識の「固定観念」に気づかされた。

「年配の奏者は、重厚な演奏をする」

「若い奏者は、軽やかな演奏をする」

その「思い込み」と「固定観念」に気づかされた。

そして、人間の「精神」についての「思い込み」と「固定観念」に気づかされた。

「人間の精神は、歳を重ねると、しなやかさや、軽やかさを失っていく」

我々は、勝手に、その「思い込み」と「固定観念」を抱いている。

しかし、そうではない。

実は、人間の精神は、歳を重ねるにつれ、しなやかさや、軽やかさを増していく。

このマイスキーのエピソードが教えているのは、実は、その真実に他ならない。

しかし、**我々が意識と無意識の境界で抱いている「人間の精神は、歳を重ねると、しなやかさや、軽やかさを失っていく」という強固な「固定観念」によって、実際に、我々の精神は、歳を重ねるに従って、しなやかさや、軽やかさを失っていく。**

これは、「精神のエネルギー」についても同様。

「人間の精神は、歳を重ねると、そのエネルギーが衰えていく」

我々は、勝手に、その「思い込み」と「固定観念」を抱いている。

しかし、そうではない。

実は、人間の精神は、歳を重ねるにつれ、エネルギーを高めていく。

しかし、**我々が意識と無意識の境界で抱いている「人間の精神は、歳を重ねると、エネルギーが衰えていく」という強固な「固定観念」によって、実際に、我々の精神は、歳を重ねるに従って、エネルギーが衰えていく。**

「修業不足」のビジネスパーソン

では、多くの人々が、「精神のエネルギーは、歳を重ねると、衰えていく」と思い込み、実際に、エネルギーが衰えていく、もう一つの理由は、何か？

もう一つは、「修業不足」である。

端的に言えば、**精神のエネルギーというものは、誰でも多少の修業を積むだけで、歳を重ねても高まっていくのだが、残念ながら、多くの人々が、その修業を行っていない。**

例えば、いま読者がビジネスパーソンであるならば、過去一ヶ月を振り返って頂きたい。**過去一ヶ月の間に、「あの時間は、徹底的な精神の集中を求められた、真剣勝負の時間であった」という時間を、どれほど持っているだろうか？**

残念ながら、仕事には真面目に取り組んでいるが、実は、「ほどほどの力で仕事に取り組んでいる」「仕事を適当にこなしている」といった状態のビジネスパーソンが少なくないのではないだろうか。

そして、人間の能力というものは、「一〇〇」の能力を持った人間が、「九〇」の能力で仕事に取り組んでいると、その仕事を、たとえ「一〇〇〇時間」行ったとしても、確実に力は衰えていく。

もし、「一〇〇」の能力を持った人間が、自身の能力を高めていきたいと思うならば、「一一〇」や「一二〇」の能力が求められる仕事に集中して取り組む時間を、たとえ「毎週数時間」でよいから持たなければならない。逆に、その「毎週数時間」を持ち続けるならば、確実に能力は高まっていく。

著者の大学院講義でのささやかな経験は、著者のような普通の人間でも、毎週三時間、精神の集中が求められる修業を続けると、歳を重ねても、精神のスタミナやエネルギーが高まっていくことを教えている。

その意味で、ここで言う「修業」とは、実は、特殊なことではなく、素朴なことである。

自分の能力を少し超えたレベルの仕事に集中するという時間を、

定期的に、継続的に、数年間というオーダーで持つ。

言葉にすれば、それだけである。

「知性」を磨くエネルギー

すなわち、「人間の精神は、歳を重ねると、そのエネルギーが衰えていく」ということは、実は、単なる、我々の「思い込み」であり、「固定観念」にすぎない。

そのことに気がついたとき、**我々は、歳を重ねるとともに、精神のエネルギーを高めていき、「答えの無い問い」を問う力を鍛え、「知性」というものを磨き続けていくことができる。**

いや、実は、それだけではない。

我々が、自身の中にある「思い込み」と「固定観念」に気がついたとき、我々は、これまで無意識に抑圧してきた「隠れた才能」を開花させていくことができる。

しかし、そのことについては、第二話で、その開花の方法を含め、大切な話を語ろう。

次の第七話では、「知性」と似て非なる、もう一つの言葉について語ろう。

第七話

なぜ、博識が、知性とは関係無いのか？

「経験抜き」の新事業企画

その日の鈴木君のプレゼンを、同僚の若手メンバーは、感心しながら聞いていた。

それは、環境ビジネスに関する新事業企画の提案。

実に周到に準備された提案資料。

壁に映し出されるスライドには、この事業のビジョンや戦略、事業計画が、次々と見事なコンセプトで語られる。

冒頭は、地球環境問題についてのビジョン。

海外の著名な環境思想家の言葉を幾つも引用しながら、格調高く、ビジョンが語られる。

次いで、事業戦略。

これも世界的に著名なビジネススクール教授のソーシャル・マーケティング論が引用される。

さらに、事業計画。

海外のビジネス雑誌の特集記事のデータなども引用しつつ、この新事業が、いかに有望な市場を狙っているものかを説明する。

さすが、旺盛な読書家で、いつも最先端情報を渉猟（しょうりょう）している鈴木君らしい、該博な知識を感じさせる新事業企画のプレゼン。

その後の質疑においても、次々と、その該博な知識と正確な記憶力で、質問に答えていく。

いわく、

「それは、米国の調査では、こう結論づけられています」

「この戦略は、いま、新たなマーケティング思想として、注目を集めています」

といった調子。

しかし、感心する若手メンバーの中で、一人、この企画会議を主宰する遠藤マネジャーだけは、先ほどから黙って聴いているが、あまり賛同している様子ではない。

そのことに気がつき、鈴木君が聞く。

「いかがでしょうか？　この新事業提案・・・」

遠藤マネジャーは、鈴木君を見つめ、一言、穏やかに聞く。

「一つ、質問があるんだが、この提案書の中で、君が、自分自身の『経験』から掴んだものは、どの部分なのかな・・・」

その言葉を聞き、一瞬、言葉を失う鈴木君。

そして、その沈黙の中で、遠藤マネジャーが、大切なことを教えてくれようとしていることに気がつく。

鈴木君、いま、また、成長の一瞬を迎えている。

「知性」と似て非なる、もう一つの言葉

お分かりだろうか？

先ほど、「知性」と「知能」の違いについて述べたが、もう一つ、この「知性」と似て非なる言葉がある。

冒頭のエピソードは、そのことを教えている。


それは、「知識」という言葉。


世の中には、多くの「書物」を読み、該博な「知識」を身につけた人物を、「知性」を身につけた人間と思い込む傾向がある。

しかし、実は、どれほど該博な「知識」を身につけても、それが「知性」を身につけたことを意味するわけではない。

なぜか？

なぜなら、**「知性」の本質は、「知識」ではなく、「智恵」**だからである。

では、「知識」とは何か？　「智恵」とは何か？

これも端的に述べておこう。

「知識」とは、「言葉で表せるもの」であり、「書物」から学べるものである。

「智恵」とは、「言葉で表せないもの」であり、「経験」からしか学べないものである。

すなわち、「智恵」とは、科学哲学者マイケル・ポランニーが「**暗黙知**」（**Tacit Knowing**）と呼んだものであり、「言葉で表せないもの」であるため、「**書物**」や「**文献**」**をどれほど読んでも、決して身につかない**ものである。

例えば、「**直観力**」「**洞察力**」「**大局観**」などと呼ばれる能力。

これらの能力は、「知性」と呼ばれる能力の重要な核を成しているが、これらは、「**職業**

的な勘」や「**プロの直観**」などという言葉があるように、永年の「職業経験」や「現場経験」を通じてしか掴めないものである。

そして、直観力、洞察力、大局観だけでなく、実**は、**「**知性**」**と呼ばれる能力の核心は、**「**経験**」**を通じてしか身につかない、人間としての極めて高度な能力なのである。**

近年、「知識」の蓄積を基盤として研究を行うアカデミアの分野においてさえ、「**臨床の知**」という言葉や「**現場の知**」という言葉が使われるようになっているが、いずれにしても、「**知性**」**の本質は、**「**経験**」**を通じて獲得される**「**智恵**」**に他ならない。**

「知識」と「智恵」の混同という病

しかし、残念なことに、最近の世の中を見渡すと、この「知識」と「智恵」を混同するという病が広がっている。

すなわち、「**知識**」**を学んで**「**智恵**」**を掴んだと思い込む、という病である。**

この病は、どういう病か？

例えば、最近、著者は『ダボス会議に見る世界のトップリーダーの話術』という本を上梓したが、この中で、「話術の一つの要諦は、言葉を『粒』のように話すことである」と述べている。

しかし、ある読者が、この本を読み、この言葉にマーカーを引き、さらには、ノートに書き写したとしても、それは、ただ、「話術の一つの要諦は、言葉を『粒』のように話すことである」という言葉を「知識」として学んだにすぎない。

もし本当に、この読者が、**「言葉を『粒』のように話す技術」を「智恵」として身につけたいと思うならば、実際に、誰かに対して話をするという「経験」を数多く積み、言葉を「粒」のように話す訓練を何度も重ね、その技術を、文字通り「体」で掴んでいかなければならない。**

それにもかかわらず、ただ、「話術の一つの要諦は、言葉を『粒』のように話すことである」という言葉を「知識」として学んだだけで、話術の「智恵」を掴んだと錯覚するならば、この読者は、決して話術を磨いていくことはできず、話術のプロフェッショナルになることはできないだろう。

もとより、**一人のプロフェッショナルとして歩むために、相応の「知識」を身につけることは、絶対に必要である。**著者は、そのことを否定しているわけではない。読者は、そのことを誤解するべきではない。しかし、**書物を通じて、どれほど豊かな「知識」を身につけても、それは、「経験」を通じて獲得される「智恵」ではない。**プロフェッショナルを目指す人間は、まず、そのことを、深く理解すべきであろう。

「フォーク打ちの奥義」の錯覚

少し脱線するが、この「**知識を学んだだけで、智恵を掴んだと錯覚してしまう**」という**状況は、日常生活においても、しばしば遭遇する。**


何年か前、テレビでプロ野球を観ていたときのこと。

その日の解説者は、三冠王を三度獲得した打撃の名手、落合博満氏。

その日の注目は、あるピッチャーの切れ味の良いフォークボール。

対戦相手のチームは、その切れ味の良いフォークボールの前に、三振の山を築いていく。

それを見て、アナウンサーが、落合解説者に訊く。

「落合さん、現役時代の落合さんなら、
今日のあのピッチャーの切れ味の良いフォーク、どう打ちますか?」

テレビを観ている野球ファンならば、誰もが訊いてみたい質問を、アナウンサーは、見事なタイミングで訊く。

しかし、この質問に対して、落合氏は、ただ淡々と、こう語った。

「ああ、あのフォークね・・・。
今日のあのフォークは、切れ味が良いから、ストンと落ちる。
落ちたら打てない。
だから、落ちる前に打つの・・・」

この言葉を聞いて、心の中で膝を叩き、「なるほど!」と思った。

しかし、その直後、自分自身が見事に「知識と智恵の錯覚」という落し穴に陥（おちい）ったことに気がつき、苦笑した。

この落合氏の解説を聞き、一瞬、自分でもフォークが打てるような錯覚に陥ったからだ。

しかし、プロ野球のレベルの投手の球は、素人には、直球でさえ打てない。

いわんや、ストンと落ちるフォークを、落ちる前に打つのは、至難の業。

それは、落合氏ほどの天才打者が、永年の厳しい修業を通じて掴んだ「フォーク打ちの秘訣」。

それを、ただ頭で理解して、一瞬、自分でも打てるような錯覚に陥ったのである。

「知識と智恵の錯覚」。

それは、日常のどこにでもある。

第八話

頭の良い若者ほど、プロフェッショナルになれない理由

プロフェッショナル論の「奇妙な現象」

話を戻そう。

先ほど、話術を例に挙げ、例えば、「話術の一つの要諦は、言葉を『粒』のように話すことである」という言葉を「知識」として学んだだけで、話術の「智恵」を掴んだと錯覚するならば、この読者は、決して話術を磨いていくことはできず、話術のプロフェッショナルになることはできないだろうと述べた。

このことを理解すると、**いま世の中に溢れている「奇妙な現象」がなぜ起こるのか**、その理由が分かるだろう。

書店に行ってみよう。

書店の棚には、「プロフェッショナル論」とでも呼ぶべきジャンルの本が溢れている。

それは、いま、**様々な分野で「プロフェッショナル」として活躍している人物の「人生論」や「職業論」、さらには「技術論」や「心得論」**など多岐に亘るが、要するに、**若い読者の「自分も、一流のプロフェッショナルから学び、プロフェッショナルとして活躍する人間になりたい」という願望やニーズに応える本**である。

この現象は、テレビの番組を観ても同じ。

テレビでも、様々な分野の一流プロフェッショナルをスタジオ・ゲストとして招き、その人生、職業、技術、心得などを、取材ビデオを交えて紹介するという番組が、若い視聴者に大きな人気を博している。

しかし、こうした本やテレビ番組が溢れている一方で、では、世の中の若手のビジネスパーソンの中に、優れたプロフェッショナルが数多く生まれているかといえば、全くそうではない。

では、なぜ、こうした「奇妙な現象」が起こっているのか？

「知識と智恵の錯覚」という病

この「奇妙な現象」。

書店には「プロフェッショナル論」の本が溢れているにもかかわらず、
実際に「プロフェッショナル」としての力を身につける人材が少ない。

こうした現象が生まれている一つの大きな理由は、明らかであろう。

「知識」を学んで「智恵」を掴んだと錯覚する病。

それが蔓延しているからであろう。

すなわち、プロフェッショナルの書いた本を読み、プロフェッショナルのスキルやセンス、テクニックやノウハウといった、本来「経験」を通じて「智恵」として掴むべきものを、「書物」を通じて単なる「知識」として学び、それで分かったつもりになってしまうからである。

その背景には、言うまでもなく、**永年にわたる「知識偏重教育」**の弊害がある。

すなわち、**現在の日本においては、初等教育から大学教育に至るまで、「知識」というものを、大量に、速く、正確に記憶し、必要なとき、それを速やかに取り出せる人間が「優秀」とされてきた**からである。

そのため、実社会に出ても、まだ、その「知識偏重」の意識から抜け出せず、本来、**「経験」を通じて「智恵」として掴むべきものを、ただ「知識」として学んだだけで、「価値ある何かを掴んだ」と思い込んでしまう**のである。

頭の良い人物の「書評」

例えば、著者は、二〇〇四年に、永年のビジネス経験を踏まえ、営業パーソンが身につけるべき「技術」と「心得」を語った『営業力』という本を上梓した。

この本を上梓した後、あるブログの個人書評を見て、残念に思ったことがある。

この本の中では、顧客との商談のとき、「顧客の心の動きを感じ取る」ことの大切さを語っている部分があるのだが、その個人書評を読むと、こう書いてあった。

「顧客の心の動きを感じ取るなど、当たり前のことではないか」

この書評を読んだ瞬間に、思わず苦笑してしまったが、この書評氏は、おそらく、余り営業の実務経験の無い、頭の良い読者であろう。

そのため、「顧客の心の動きを感じ取る」という一文を読んで、「そんなことは知っている」と思ったのであろう。そして、たしかにこの読者は、色々なビジネス書を読んで、「顧客の心の動きを感じ取る」ということの大切さについては、「知識」としては知っていたのであろう。

しかし、この『営業力』という本を読んでこうした感想を述べる読者は、残念ながら、「顧客の心の動きを感じ取る」という「智恵」を身につけることはできないだろう。

なぜなら、この本のその部分には、「顧客の心の動きを感じ取る」ための具体的な修業の方法が細やかに書いてあるのだが、この読者は、その部分には、心を留めないからだ。

それは、毎回の顧客との商談の前に、顧客の意識がどのような状態であるかを想像し、**それに対する働きかけ方を想定するという「シーン・メイキング」や「シミュレーション」の修業**であり、**商談の後に、その会合の流れを心の中で再現し、顧客の心の動きを細やかに振り返るという「追体験」や「反省」の修業**なのだが、この読者は、この部分には目を留めない。そして、その修業をしようと考えない。

その理由も明確である。

プロフェッショナルが永年の経験を通じて身につけた智恵を、自ら歳月をかけて同じ経験を積み、その智恵を掴むのではなく、わずか数冊の本を読んだだけで掴みたいと思う「安直な精神」。

それが、この読者の心にあるからだ。

この「安直な精神」が「知識と智恵の錯覚」という病に罹（かか）ったとき、どれほど頭の良い読者であっても、決して、プロフェッショナルになることはできない。永い年月の修業を厭（いと）う思いがあるかぎり、この読者は、決して、プロフェッショナルになることはできない。

「うまい秘訣」の無い智恵の修得法

そもそも、世に溢れる「プロフェッショナル論」の本は、それが真っ当な本であるならば、「**いかに楽をしてプロフェッショナルになることができるか**」を語ることはない。

それが真っ当な本であれば、「**プロフェッショナルになるためには、どのような苦労を積むべきか**」を語っている。

それは、論理的に考えてみても、至極、当然のことであろう。

もし仮に、いま、「三日で高度な営業力を身につける秘訣」というものがあったとする。

そして、その秘訣を、一冊の本を読むことによって学べるとする。

もし、そのような「うまい秘訣」があるならば、誰もがその秘訣を、一冊の本を読み、三日かけて身につけるだろう。

その結果、誰もが、その「高度な営業力」を身につけて、そこから、さらに高い次元での競争が始まるだけである。

もとより、こうした「笑い話」**のような秘訣**は存在しないのだが、いま、多くの人々の心の中に、その**「うまい秘訣」を求める安直な精神**が蔓延している。

そして、こうした「安直な精神」が生まれてくる背景にも、永年続いた「知識偏重教育」と「受験教育」の弊害がある。

なぜか？

「知識の学習」には、「うまい秘訣」があるからだ。

「書物」を読むことによって学ぶことのできる「知識」は、「いかに速く、いかに大量に、いかに効率よく学べるか」という秘訣が、たしかに存在する。

いまや少年漫画の世界にも、大学受験勉強における「うまい秘訣」を細やかに語って人気を博しているものが出現している。そのため、「知識」を学ぶことに優れた「頭の良い若者」は、「智恵」を掴むにも、「うまい秘訣」があると考えてしまうのである。

しかし、**永年の「経験」を積むことによってしか掴むことができない「智恵」には、「いかに速く、いかに大量に、いかに効率よく学べるか」という秘訣は存在しない。**

せいぜい、**普通ならば「一〇年の経験」**を積まなければ**身につかない「智恵」を、何とか「三年の経験」で身につけるという特殊な修業が存在する**程度である。

しかし、世に「石の上にも三年」という言葉があるが、せめて三年、一つの経験を積む修業に徹するという覚悟がなければ、「プロフェッショナルの智恵」を掴むことはできない。

されば、いま、プロフェッショナルを目指す若者が心に刻むべきは、「**プロフェッショナルへの道に王道は無い**」という言葉、そして、「**敵は我に在り**」という言葉であろう。

もう一度、繰り返しておこう。

なぜ、書店に「プロフェッショナル論」の本が溢れているにもかかわらず、

実際に「プロフェッショナル」としての力を身につける人材が少ないのか？

その理由は、**書物で「知識」を学んだだけで「智恵」を掴んだと思い込む病**。

その病が蔓延しているからであろう。

なぜ、高学歴の人物が、深い知性を感じさせないのか？

さて、ここまで、「知性とは何か？」という問いを掲げ、「知性」と似て非なる二つの言葉、「知能」と「知識」について述べてきた。

ここで、もう一度、この二つの言葉と「知性」との違いについて述べておこう。

「知能」とは、「答えの有る問い」に対して、早く正しい答えを見出す能力のこと。
「知性」とは、「答えの無い問い」に対して、その問いを、問い続ける能力のこと。

「知識」とは、「言葉で表せるもの」であり、「書物」から学べるもの。
「智恵」とは、「言葉で表せないもの」であり、「経験」からしか掴めないもの。
「知性」の本質は、「知識」ではなく、「智恵」である。

そして、「知能」と「知識」。この二つの言葉と「知性」の違いを理解したとき、読者は、本書の冒頭に述べた「不思議な人物」の意味を理解するだろう。

なぜ、「高学歴」にもかかわらず、思考に深みの無い人物がいるのか？

なぜ、「高学歴」にもかかわらず、深い「知性」を感じさせない人物がいるのか？


それは、ある意味で、当然であろう。

なぜなら、現在の我が国の「学歴社会」とは、「知能」の優秀さと、「知識」の豊富さによって評価される社会だからである。

しかし、高い「知能」を持つということが、深い「知性」を持つことを意味しない。

また、豊かな「知識」を持つということが、深い「知性」を持つことを意味しない。

従って、高い「学歴」を持つということが、深い「知性」を持つことを意味しない。


なぜ、高い「知能」を持ち、豊かな「知識」を身につけ、

「高学歴」を誇る人物が、必ずしも、深い「知性」を感じさせないのか？


読者は、その理由を理解されたのではないだろうか。

そして、「知性を磨く」ために、大切なことを理解されたのではないだろうか。

我々が、**真に「知性を磨く」ためには、二つのことが求められる。**

一つは、「答えの無い問い」を問う力を身につけること。

容易に答えの見つからぬ問いに対して、決して諦めず、「割り切り」に流されることなく、その問いを問い続ける力。それを身につけるためには、日々の仕事を通じて、不断に、精神のスタミナとエネルギーを高めていくことが求められる。

もう一つは、「知識と智恵の錯覚」の病に罹らないこと。

書物を読んで「知識」を学んだだけで、「智恵」を掴んだと錯覚することなく、歳月をかけて経験を積むことによって、深い「智恵」を掴んでいくこと。そのためには、**自分が何かを語るとき、「これは書物で学んだ知識か、それとも、経験から掴んだ智恵か」を自問しながら語る**ことである。

その二つのことを心がけるだけで、我々の「知性」は、確実に磨かれていく。

第九話

なぜ、優秀な専門家が、問題を解決できないのか？

「知性」と似て非なる第三の言葉

ここまで、「知性とは何か？」ということについて考えてきた。

そして、**「知性」という言葉と似て非なる**「二つの言葉」について述べてきた。

一つは「知能」。

一つは「知識」。

いずれも、「知性」という言葉と似て非なる言葉。

その違いについて理解することから、我々の「知性を磨く」という営みは始まる。

しかし、実は、もう一つ、この「知性」という言葉と似て非なる言葉がある。

それは何か？


「**専門性**」


その言葉である。

すなわち、**我々は、「高度な専門性」を持った人物を「高度な知性」を持った人物と考える傾向がある。**

もとより、このことは「知性」という言葉の定義であるかぎり、「高度な専門性＝高度な知性」という定義を採用するならば、特に議論をする必要もないのだが、二一世紀において、我々が理解しておかなければならない、一つの現実がある。

それは何か？

高度な「専門性」を持った優秀な「専門家」が、問題を解決できない。

その現実である。

例えば、**地球温暖化の問題**。

この問題が、人類全体にとって深刻な問題であることは、いまや、誰もが理解していることなのだが、温暖化ガスの排出量の制限一つが、いまだ国際的に合意できず、その解決の糸口は見えていない。

しかし、一方で、この地球環境問題については、専門家は、無数にいる。

それも、様々な専門分野に特化して、研究が進められている。

例えば、**環境科学、環境工学、環境経済学、環境政治学、環境社会学、環境倫理学、環境情報学・・・**。

それぞれの分野において優秀な専門家の人々が、鋭意、研究を進めていることは、深く敬服するのだが、しかし、肝心の問題は解決できない。

「高度な専門性」を持った人々が無数にいながら、肝心の問題が解決できない。

それは、なぜか？

すぐに返ってくる答えも明確である。

「地球環境問題というのは、個別の専門分野を超えた、
極めて学際的なテーマなので、様々な専門家の智恵を結集しないと解決できない」

「この問題は、様々な専門家の智恵を集めた、総合的なアプローチが必要なので、
容易に問題が解決できない」

たしかにそうなのであろう。

そして、それが、**世の中に「学際研究」や「総合研究」という言葉が溢れる理由**でもあるのだが、現実に、そうした名前を冠した研究所やシンクタンクを見ても、現実は、ただ、様々な分野の専門家が「同居」しているだけであり、そこに何か**優れた「学際的アプローチ」や「総合的アプローチ」の手法**が開発され、活用されているわけではない。

そのことを考えるとき、著者は、アメリカの片田舎にある、一つの研究所での会話を想い出す。

サンタフェ研究所が求める「人材」

あれは、一九九七年頃であっただろうか、著者は、アメリカのニューメキシコ州の片田舎、サンタフェにある、一つの研究所を訪問していた。

その研究所は、**三人のノーベル賞学者が設立した研究所**。

ノーベル経済学賞のケネス・アロー。**ノーベル物理学賞のマレー・ゲルマン**。**そして、同じく、物理学賞のフィリップ・アンダーソン**。

この三人が設立した研究所は、当時、**時代の最先端のテーマ「複雑系」**（Complex Systems）**や「複雑性」**（Complexity）を掲げ、まさに学際的な研究を進めていた。

その名も、「**サンタフェ研究所**」。

この研究所で働く研究者は、**物理学**、**化学**、**生物学**、**医学**、**脳科学**、**心理学**、**社会心理学**、**人類学**、**文化人類学**、**社会学**、**経済学**、**政治学**、**歴史学**、**情報科学**など、**ほとんどすべての研究分野**から集まっていたが、いずれも、将来、ノーベル賞級の研究をすると期待される気鋭の研究者達であった。

そして、この研究所の優れたところは、まさに「学際的アプローチ」や「総合的アプローチ」に果敢に挑戦するスタイルを採っていたところである。

例えば、この研究所を設立した三人の学者の専門分野に象徴されるように、経済学者と物理学者といった全く違った分野の専門家が一緒のテーブルに着き、専門用語の壁を超え、「複雑系」というテーマについて、自由かつ率直に議論をするという文化を持っていた。

この研究所を訪れたとき、研究所の創設者でもある前所長、ジョージ・コーワン博士と会った。

このコーワン博士からは、複雑系研究や研究所運営について、色々な話を聞くことができたが、彼との会話で、一つ、深く印象に残っていることがある。

このサンタフェ研究所には、ノーベル賞級の優秀な研究者が、ほとんどすべての研究分野から集まっている。

そこで、彼に訊いたのは、次の質問。

「サンタフェ研究所は、今後、どのような分野の専門家（スペシャリスト）を必要としているのか？」

この問いに対するコーワン博士の答えが、忘れられない。
彼は、静かに微笑みながら、こう答えた。

「この研究所には、**専門家**（スペシャリスト）は、もう十分にいる。
我々が本当に必要としているのは、それら様々な分野の研究を『統合』する『スーパージェネラリスト』だ」

その瞬間に、著者の心の中では、深く頷くものがあった。

「**スーパージェネラリスト**」

たしかに、そうした人材こそが求められている。
二〇世紀において、**個別の分野の「専門の知性」**だけで解決できる問題は、そのほとんどを解決してきた。
それゆえ、残されている問題の大半は、**個別の分野の「専門の知性」だけでは解決でき**

ない「学際的問題」となっている。

そして、この「学際的問題」を解決するためには、何よりも、**個別の「専門の知性」を、その「垣根」を超えて統合する「統合の知性」**が必要であり、コーワン博士が「スーパージェネラリスト」と呼んだのは、そうした「統合の知性」を持った人材のことであった。

それは、正確に言えば、**様々な専門分野を、その境界を超えて水平的に統合する「水平統合の知性」を持った人材**のことである。

しかし、この瞬間、著者の頭の中を巡ったのは、実は、コーワン博士の語る「スーパージェネラリスト」とは違う、もう一つの知性を持った「スーパージェネラリスト」であった。

それは、いかなる人材か？

「垂直統合の知性」を持ったスーパージェネラリスト

その人材であった。

では、それは、いかなる人材か？

第一〇話

「スーパージェネラリスト」とは、いかなる人材か？

「アポロ13」が教える垂直統合の知性

「専門の知性」ではなく「統合の知性」を持った人材。
それも、「水平統合の知性」ではなく「垂直統合の知性」を持った人材。
それは、いかなる人材か？

そのことを考えるために、一つの映画のシーンから話を始めよう。

それは、映画『アポロ13』。

ロン・ハワード監督、トム・ハンクス主演の映画だが、一九七〇年四月に起こった、月面着陸を目指したアポロ一三号の事故を描いた映画だ。

この映画で、トム・ハンクスは、アポロ一三号の船長・ジェームス・ラベルを演じ、その演技は、『フィラデルフィア』『フォレスト・ガンプ』に続いて三年連続でオスカー（アカデミー賞主演男優賞）を取るのではと予想されたほどの名演技であったが、それはさておき、この映画のもう一人の主人公は、当時、ＮＡＳＡの主席飛行管制官を務めていたジーン・クランツ。エド・ハリス演じるこのリーダー、ジーン・クランツは、このアポロ一三号の事故において、どう処したか？

そもそも、この事故は、月に向かって飛ぶアポロ一三号が、突然、酸素タンクの爆発事故を起こし、深刻な電力と水の不足という絶望的な状況に陥ったもの。

この前代未聞の事故に遭遇し、ＮＡＳＡの専門家達は、誰もが、どうすればよいか途方に暮れる状況。とはいえ、この専門家達は、誰もが、全米でも選り抜かれたスペシャリストの集団。その専門知識においても一流、頭の回転は速く、論理思考も鋭い。また、弁も立ち、議論も説得力がある。

しかし、この専門家達の誰もが、前代未聞の事故の前で、解決策が見つからず、途方に暮れる状況の中で、ジーン・クランツは、彼らを集め、何と言ったか？

「我々のミッションは、この三人の乗組員を、生きて還すことだ！」

そして、次々に発生する難問に対して、専門家達の智恵を総動員し、解決策を見つけていく。

例えば、司令船と月着陸船の二酸化炭素除去フィルターの形状・仕様が違うという問題。この問題に対しても、アポロ一三号の中にある、ありとあらゆる部品や材料をかき集めて、専門家達に智恵を絞らせ、その問題を解決する応急的な装置を作らせる。大学で博士号、修士号を取ったような専門家達が、様々な部品を組み合わせ、工夫をこらして、その応急装置を組み立てる。あたかも、子供のパズルの問題のようだが、それが三人を生還させるためには絶対に解決しなければならない問題。

こうして、ジーン・クランツの強いリーダーシップの下、専門家達は、その専門知識を総動員し、智恵を結集して、次々と問題を解決していく。

「栄光ある失敗」の瞬間

そして、迎えた最後の場面。

いよいよアポロ一三号が、大気圏に再突入する。

その瞬間を前に、専門家達は、ひそひそと言葉を交わす。

「突入角度が、わずか数度でも浅ければ、大気圏に弾き飛ばされて、アポロ一三号は、宇宙の迷子になってしまうが、逆に、突入角度が深すぎれば、大気との摩擦熱で燃え尽きてしまう」

「いや、そもそも、あの爆発で、遮熱パネルの一部でも破損していたら、そこから二〇〇〇度の炎が入ってきて、三人の乗組員は焼け死ぬ」

「大気圏に突入して音信不通のブラックアウトの時間が三分、その時間を超えて通信が無ければ、彼らは燃え尽きたということだ・・・」

「これは、NASAが迎える、最大の危機だ・・・」

その会話を耳にしたジーン・クランツは、三人の乗組員を迎えるために制服のネクタイを締め直しながら、その専門家達に言う。

「いや、我々が迎えようとしているのは、NASAの歴史で、最も栄光ある瞬間だ！」

一人のリーダーの見事な姿。
自身のミッションを明確に定め、そのミッションの完遂まで決して諦めない不動の信念。
卓抜なリーダーシップの一瞬。

しかし、その後に迎えた大気圏再突入。
音信不通のブラックアウトが始まる。
一分を経過、
二分を経過、

いよいよ通信回復のはずの三分・・・。

そして、三分が経過。

しかし、通信は回復しない。

NASAの管制センターには、「やはり・・・」との絶望感が漂い始める・・・。

しかし、四分を迎えようとする瞬間、無線の雑音の中から、アポロ一三号からの音信が届く。


「こちら、アポロ一三号・・・」


大歓声に包まれるNASAの管制センター。

これが歴史に残る「栄光ある失敗」（Glorious Failure）の瞬間。

フィクションではなく、歴史に刻まれた事実。

第一一話

「垂直統合の知性」を持つスーパージェネラリスト

優れた知性の「七つのレベルの思考」

この歴史の一瞬を生きた一人の人物、この映画で描かれたジーン・クランツの姿は、我々に求められる「知性」の在り方を象徴的に示している。

これまで誰も経験したことが無い、前代未聞の事故。
絶望的な極限状況に置かれた、三人の乗組員の生命。
専門家達も解決策を見出せない、想像を絶する難題。

こうした難題を前にして、ＮＡＳＡの専門家達を率い、その難題に粘り強く取り組み、最終的に、それを成功裏に解決した人物。

まさに**「知性」とは、容易に答えの見つからぬ問いに対して、決して諦めず、その問いを問い続ける能力のこと。**

彼が、その意味での「知性」を持っていたことは、疑いない。

しかし、それだけではない。

彼の姿は、**優れた「知性」が持つべき、もう一つの能力**も示している。

それは何か？

「垂直統合」の思考

彼の知性は、その「垂直統合」の思考ができる。

すなわち、彼は、**様々なレベルでの思考を見事に切り替えながら並行して進め、それらを瞬時に統合することができる**のである。

その様々なレベルの思考とは、次の「**七つのレベルの思考**」である。

第一に、彼は、このアポロ一三号の事故が起こった直後、重苦しい悲観的雰囲気が支配する専門家達に対して、「我々のミッションは、この三人の乗組員を、生きて還すことだ！」と、**明確な**「**ビジョン**」を示した。

第二に、彼らを生きて還す**基本的な**「**戦略**」として、事故の起こった場所から急遽（きゅうきょ）、宇宙船を引き返させる「直接中止」という方法と、月を一周して地球に戻ってくる「月周回中止」という方法を検討し、機械船のエンジンの損傷が懸念されるという問題から、後者の方法を選んだ。

第三に、アポロ一三号の電力消費を最小限に抑えるための**具体的な**「**戦術**」として、地上のアポロ宇宙船シミュレータを使って、徹底的なシミュレーションを行わせ、電力消費を最小化する手順を見出させた。ちなみに、この徹底的なシミュレーションを昼夜没頭して行ったのが、アポロ一三号の発射直前に風疹感染の疑いでジョン・スワイガート飛行士と交代させられたケン・マッティングリー飛行士であったことは、感慨深い。

第四に、司令船と月着陸船の二酸化炭素除去フィルターの形状が違うという問題に直面すると、専門家達を集め、アポロ一三号の中にある、ありとあらゆる部品を組み合わせて応急装置を組み立てさせた。こうした**個別の**「**技術**」について解決策を指示できたのも、彼が飛行管制官として相応の技術的知識を持っていたからである。

第五に、彼は、絶望的とも思える困難な問題が次々に突き付けられる管制センターの現場において、悲観的な雰囲気に陥りがちな専門家達を励まし続け、希望を持って仕事に取り組ませるという、**優れた**「**人間力**」を持っていた。

第六に、アポロ一三号の大気圏再突入を前にして、「これは、NASAが迎える、最大の危機だ・・・」と語る専門家達に対して、彼は、「いや、我々が迎えようとしているのは、NASAの歴史で、最も栄光ある瞬間だ!」と信念を持って語る、その**素晴らしい**「**志**」。

第七は、言うまでもなく、この「志」の背後にある、「宇宙開発は人類の未来を切り拓く」との**深い「思想」**、それを彼は持っていた。

すなわち、**「思想」「ビジョン」「志」「戦略」「戦術」「技術」「人間力」**。

映画『アポロ13』に描かれたジーン・クランツは、**これら「七つのレベルの思考」を見事に切り替えながら並行して進め、それらを瞬時に統合することができた**人物であり、彼の知性は、その**「垂直統合」の思考を身につけていた**のである。

自己限定が抑える「才能の開花」

そして、これは決して、ジーン・クランツだけではない。

人生や仕事における「困難な問題」の解決に取り組む知性は、必ず、この「垂直統合」の思考を身につけている。

そして、組織や社会の「困難な変革」を実現する知性もまた、必ず、この「垂直統合」の思考を身につけている。

しかし、こう述べると、読者から、疑問の声が挙がるかもしれない。

「七つのレベルの思考を、すべて身につけるのは大変だ」

「七つのレベルの思考を、切り替えながら並行して進めるのは、さらに大変だ」

「七つのレベルの思考を、瞬時に垂直統合するのは、不可能ではないか」

そうした声である。

しかし、この「七つのレベルの思考」を身につけるのは、実は、それほど、難しくない。

ただ一つのことを行うだけで、この「七つのレベルの思考」が、身につき始める。

何か？

「自己限定」を捨てる。

すなわち、**我々は、無意識に、自分の思考を、自分が得意だと思っている「思考のレベル」に限定してしまう**傾向がある。

例えば、

「自分は、技術屋なので、ビジョンとか、戦略とかは、良く分からないです」
「僕は、会社の戦略企画部の所属なので、現場の具体的な問題は担当ではありません」
「私の仕事は、政策の提言ですので、行政の末端の細かい事情は知りません」
「仕事は人間がすべてです。会社の方針は良く知りませんが、人間関係がすべてです」
「私には、志があります。志があれば、必要なものは何でも集まって来ると思います」

こうした言葉を語りたがる傾向である。

もとより、こうした言葉の一つ一つは、真摯(しんし)に語られた言葉であるが、問題は、その背後にある「無意識」である。

我々は、無意識に、自分の思考を、自分が得意だと思っている「思考のレベル」に限定してしまう。そして、その**「自己限定」のために、自分の中に眠る「可能性」を開花させることができないで終わってしまう。**

例えば、「自分は技術屋だ」と思って、上司から指示された技術開発の課題に取り組んでいる若手エンジニアが、その企業の「技術戦略」に目を向け、自分なりに、「どのような技術戦略がこの企業にとって必要か」を考えるようになったならば、間違いなく、その若手エンジニアの「可能性」が花開き始める。

例えば、「自分の専門は戦略立案だ」と思って、クライアントから期待される人事戦略の立案に取り組んでいる若手コンサルタントが、その企業の「職場」に目を向け、自分なりに、「この企業の職場では、どのような生々しい人間関係が蠢（うごめ）いているのか」を考えるようになったならば、必ず、その若手コンサルタントの「可能性」が花開き始めるだろう。

実は、著者自身が、そうであった。

著者は、大学院で博士号を取得した後、三〇歳で民間企業に就職した「技術屋」であったが、「技術屋という自己限定」を捨てたところから、今日への道が始まった。

しかし、著者が、**「思想」「ビジョン」「志」「戦略」「戦術」「技術」「人間力」という「七つのレベルの思考」を切り替えながら並行して進め、それらを瞬時に統合するという修業**を本格的に始めたのは、新たに設立するシンクタンクに移った後であった。

第一二話 スーパージェネラリストに求められる「七つの知性」

シンクタンクからドゥータンクへ

著者は、この民間企業に九年間勤めた後、一九九〇年に、あるシンクタンクの設立に参画した。

この新たに設立したシンクタンクにおいて我々が掲げたのが、「ドゥータンク」(Do Tank)というビジョンであった。すなわち、**「シンクタンク」(Think Tank)ならぬ、「ドゥータンク」(Do Tank)**。

ここで我々が目指したのは、**調査、分析、予測、評価、提言という「デスクワーク」だけで仕事をする「シンクタンク」**ではなく、技術調査、市場分析、事業予測などに基づき、

実際に技術開発や商品開発、市場開発や事業開発を行う「ドゥータンク」であった。

そして、その基本的な戦略としては、「異業種コンソーシアム」を結成することによって、様々な企業の経営資源を結集し、「パッケージ商品」や「トータルサービス」などの**技術開発や商品開発を行い、各社の「マーケティング力」や「営業力」を活用して、市場開発や事業開発を行う**という戦略を掲げた。

このシンクタンクにおいては、一九九〇年から二〇〇〇年までの一〇**年間に、異業種企業七〇二社を結集し、二〇のコンソーシアムを設立し、様々な新事業やベンチャー企業を生み出した。**それらのベンチャー企業の中には、様々な賞を得たものもあったが、この**「異業種コンソーシアム戦略によるビジネス・インキュベーション」**の活動において、我々が学んだのは、まさに「**垂直統合の思考**」であった。

現実を動かすための「七つの思考」

では、それは、どのような「思考」か？

例えば、我々は、この活動において、環境汚染の問題を解決する三つのコンソーシアムを結成したが、これらのコンソーシアムを創り、新事業の開発に取り組むためには、次のように、**「思想」「ビジョン」「志」「戦略」「戦術」「技術」「人間力」という「七つのレベルの思考」が求められた。**

(一)「思想」のレベルの思考

日本においては、海洋や河川、湖沼の汚染問題、大気の汚染問題はかなり解決してきたが、土壌の汚染問題は、まだ「暗黒大陸」と呼ぶべき状況にある。しかし、まもなく、この土壌汚染の問題が社会的に注目され、この問題を解決する「環境浄化産業」が求められるようになるだろう。

(二)「ビジョン」のレベルの思考

この「環境浄化産業」を創出するためには、これまで有効な解決策が無かった土壌汚染について、新たな土壌浄化技術を開発・導入することが不可欠である。もし、この技術が開発・導入されれば、汚染土壌浄化に関する新たな市場が生まれてくる。この市場規模としては、当初だけで、数千億円の規模の市場が生まれると予想される。

（三）「志」のレベルの思考

もし、そうであるならば、我々は、ドゥータンクとして、この汚染土壌の浄化技術の開発と導入を進め、土壌汚染という社会的問題の解決に貢献し、同時に、「環境浄化産業」という新たな産業を、民間主導で創出することを目指そう。

（四）「戦略」のレベルの思考

この汚染土壌浄化技術の開発と導入を進める戦略として、ゼネコン、エンジニアリング会社、商事会社などが結集する異業種コンソーシアムを結成し、これら異業種の経営資源を組み合わせることによって、技術開発や市場開発、事業開発を進めていこう。また、このコンソーシアムには、主要官庁にもオブザーバーとして参加してもらおう。

（五）「戦術」のレベルの思考

このコンソーシアムには、具体的に、ゼネコンはA社、B社、C社、D社、E社など五社、エンジニアリング会社はF社、商事会社はG社に参加してもらおう。主要官庁としては、通産省と環境庁（いずれも当時）に参加してもらおう。

（六）「技術」のレベルの思考

これらの異業種企業にコンソーシアムに参加してもらうためには、各社を説得しなければならない。そのためには、まず、魅力的な企画書を作成しなければならないが、企画書作成のノウハウが極めて重要になる。また、各社の担当者と担当役員を説得するためには、営業交渉のスキルも重要になる。

（七）「人間力」のレベルの思考

このコンソーシアムの結成のためには、まず、ゼネコンのA社に全面的に協力してもらう必要があるが、残念ながら、A社の担当役員のH氏には面識が無い。近く、初めての会合を持つことになっているが、魅力的な企画書だけでなく、H氏から我々が人間的に信頼してもらえるか否かが鍵だ。

スーパージェネラリストの知性へ

すなわち、我々が、「シンクタンク」ではなく「ドゥータンク」を標榜し、「土壌汚染」という社会的な問題の現実的な「解決」に取り組み、「土壌汚染」の問題が放置されている社会の仕組みを「変革」しようと考えた瞬間に、これら「七つのレベルの思考」をそれぞれのレベルで深め、また、これら「七つのレベルの思考」を垂直統合するということが求められたのである。

それは、言葉を換えれば、我々が、土壌汚染という社会的問題を調査、分析、予測、評価、提言するという「シンクタンカーの知性」を超え、その問題を現実的に解決するという「スーパージェネラリストの知性」へと脱皮することが求められた瞬間でもあった。

第一三話

なぜ、経営者がスーパージェネラリストになれないのか？

経営者の「中途半端」な思考

こう述べると、読者の中から、疑問の声が挙がるかもしれない。

「思想、ビジョン、志、戦略、戦術、技術、人間力という
『七つのレベルの思考』が求められると言うが、そうした思考は、
企業の経営者やベンチャーの起業家、現実の変革に取り組むリーダーならば、
誰もが、多かれ少なかれ持っている思考ではないのか？」

たしかに、その通り。

企業経営者やベンチャー起業家、変革リーダーならば、誰もが、多かれ少なかれ、この「七つのレベル」の思考を行っている。

ときに古典の「思想」を学び、ときに会社の「ビジョン」を描き、ときに自身の「志」を語り、ときに企業の「戦略」を立て、ときに交渉の「戦術」を幹部に指導し、ときに営業の「技術」を社員に教え、ときに朝礼で「人間力」について訓示する。

そうしたことを行う経営者や起業家、リーダーは、決して少なくないだろう。

では、何が問題か？

敢えて申し上げよう。

いずれも「中途半端」なのである。

たしかに、企業経営者やベンチャー起業家、変革リーダーならば、誰もが、多かれ少なかれ、この「七つのレベルの思考」を行っている。しかし、残念ながら、その思考は、いずれも「中途半端」に終わっているのである。

では、何が「中途半端」か？

ここでは、「**三つの問題**」を述べておこう。

超えるべき「三つの問題」

第一に、「七つのレベルの思考」に粗密があり、アンバランスなのである。

すなわち、ある程度、この「七つのレベルの思考」を行っている経営者や起業家、リーダーでも、この「思想」「ビジョン」「志」「戦略」「戦術」「技術」「人間力」の七つのレベルの思考力に粗密があり、全体としてアンバランスなのである。

例えば、収益を上げるための経営戦略や営業戦術については卓抜なものを持っているが、高い志や使命感、さらには人間力を、あまり感じさせない経営者もいる。

また例えば、語るビジョンや志は良いのだが、ビジネスパーソンとしての基本的な技術や人間力が不足している起業家がいる。

従って、ある程度、この「七つのレベルの思考」を行っている経営者や起業家、リーダーでも、この**「思想」「ビジョン」「志」「戦略」「戦術」「技術」「人間力」の七つのレベルの思考力をバランス良く身につけ、磨いていく必要がある。**

第二に、「七つのレベルの思考」のそれぞれが、深まっていないのである。

例えば、「**思想**」を語っても、単なる「教養」としての思想を語っているだけの経営者がいる。「思想」というものが、「未来を予見する優れた手段」であることを理解していない経営者である。

例えば、「**ビジョン**」を語っているつもりで、単なる「目標」を語っているだけの起業家もいる。また、抽象的な「理念」を語って、「ビジョン」を語っていると錯覚する起業家もいる。そもそも、「ビジョン」とは何かを理解していない起業家である。

例えば、「**志**」を語ると称して、単なる「野心」を語っているだけのリーダーがいる。

例えば、「**戦略**」を語るとき、「戦略」の本当の意味を理解していない経営者がいる。

例えば、「**戦略**」と「**戦術**」の違いを、スケールや規模の違いだと思い込んでいる起業家がいる。

例えば、「**技術**」の重要性は分かっているが、それを磨くための「方法」を理解していないリーダーがいる。

例えば、「**人間力**」を磨く方法は、古典や儒学、宗教の本を読むことだと思っている経営者や起業家、リーダーがいる。

こうした誤解をしているかぎり、その経営者、起業家、リーダーの「七つのレベルの思考」は、決して深まっていかない。

第三に、「七つのレベルの思考」が、互いにシナジーを生み出していないのである。

「垂直統合の思考」と「思考の往復運動」

この「七つのレベルの思考」が、それぞれのレベルで深められているだけで、あるレベルでの思考が、上下のレベルと影響を与え合い、シナジーを生み出していないのである。

では、どうすれば、シナジーを生み出せるのか？

思考における「上向過程」と「下向過程」を大切にすることである。

それを行なえば、自然に「垂直統合の思考」が促される。


では、「**上向過程の思考**」とは何か？

それは、下位のレベルの思考を、上位のレベルの思考でチェックするということ。

例えば、ある「戦術」を検討しているとき、その戦術が「戦略」のレベルから見て、基本戦略を歪めるような逸脱をしていないかをチェックする。

例えば、ある「ビジョン」を検討しているとき、そのビジョンが、「思想」のレベルで予見され得るものであるかをチェックする。

そうした思考のプロセスを、「上向過程の思考」と呼ぶ。


これに対して、「**下向過程の思考**」とは、上位のレベルの思考を、下位のレベルの思考でチェックするということ。

例えば、ある「戦略」を検討するとき、ただちに、その戦略が具体的な「戦術」のレベルで実行可能かをチェックする。

例えば、ある「戦術」を検討するとき、それを実行できるスキルやテクニック、すなわち十分な「技術」があるかをチェックする。

そうした思考のプロセスを、「下向過程の思考」と呼ぶ。

すなわち、「七つのレベルの思考」を行うとき、ただ漫然と、それぞれのレベルでの思考を行うのではなく、こうした「**上向過程の思考**」**と**「**下向過程の思考**」**を交えながら、**「**思考の往復運動**」**を行う必要がある。**それを行わなければ、「七つのレベルの思考」にシナジーが生まれてこない。逆に、それを行なえば、自然に「七つのレベルの思考」が「垂直統合」されていくのである。

スーパージェネラリストの「七つの知性」

このように、企業の経営者やベンチャーの起業家、現実の変革に取り組むリーダーならば、誰もが、多かれ少なかれ、思想、ビジョン、志、戦略、戦術、技術、人間力という、

「七つのレベルの思考」を行っている。

しかし、これらの経営者や起業家、リーダーが、**現実の問題を解決し、現実の状況を変革する「スーパージェネラリスト」へと脱皮していく**ためには、

（1）七つのレベルの思考を、バランス良く身につけていく
（2）七つのレベルの思考を、それぞれのレベルで深めていく
（3）七つのレベルの思考を、垂直統合して、シナジーを生み出していく

ということを行わなければならない。

では、どのようにすれば、この三つのことを実現できるのか？

次話からは、七つのレベルでの思考をそれぞれ取り上げ、その思考を深める方法と、上下の思考との間で垂直統合する方法について語ろう。

それは、言葉を換えれば、スーパージェネラリストへの成長を目指して「七つの知性」を磨くことを意味している。「思想」「ビジョン」「志」「戦略」「戦術」「技術」「人間力」、それぞれのレベルの知性を磨くことを意味している。

第一四話

「予測」できない未来を「予見」するには、どうすればよいのか？

「教養」から「方法」へ

第一に、「思想」のレベルの知性を、いかに磨くべきか？

この問いは、深い問いであり、簡単に答えることを憚(はばか)るが、スーパージェネラリスト**が身につけるべき「問題解決の知性」「変革の知性」**という視点から見るならば、答えは明確である。

「思想」というものを、単なる「教養」として学ぶのではなく、

「方法」として学ぶことである。

具体的には？

「未来を予見する方法」として学ぶことである。


人類が過去数千年の歴史の中で生み出した、数々の思想や哲学。

その中には、**我々の生きるこの世界が、森羅万象が、どのようにして変化・発展し、進歩・進化していくかの「法則」**を述べたものがある。

それを学ぶことは、我々が未来を「予見」するために、極めて重要である。


しかし、いま、「予見」という言葉を使った。「予測」という言葉ではない。

英語で言えば、**「予見」**は「foresee」、**「予測」**は「predict」。

何が違うのか？

端的に述べよう。

我々は、未来の「具体的変化」を「予測」することはできない。
しかし、未来の「大局的変化」を「予見」することはできる。

これは、どういうことか？
例えば、いま、砂浜で、砂山を作る。少し複雑な地形の砂山を作る。
山頂あり、尾根あり、谷あり、沢筋ありの複雑な地形の砂山である。
そして、その砂山の山頂から上呂（じょうろ）で水を降らせる。雨のように降らせる。
このとき、その水が、どれだけの量、どの沢筋を伝わって流れていくか？
それを正確に「予測」することはできない。
しかし、**一つだけ確かな「法則」がある。**

水は、低きに流れる。

そのことは、たしかな法則。
従って、必ず、水がこの砂山の低い方に流れていくことは「予見」できる。

これが、まさに「大局観」と呼ばれるもの。

このように、我々は、未来の「具体的変化」を「予測」することはできないが、未来の「大局的変化」を「予見」することはできる。

未来を予見する「弁証法」

では、そうした「**未来を予見する法則**」を語った思想に、どのようなものがあるか？

一つの思想を紹介しておこう。

それは、「**弁証法**」**の思想。**

一般に、ドイツの観念論哲学者、ゲオルク・ヘーゲルが提唱した「ヘーゲルの弁証法」として知られている思想である。

このヘーゲルの弁証法に、例えば、「**事物の螺旋**(らせん)**的発展の法則**」というものがある。

これは、分かりやすく言えば、次のような法則。

物事の変化・発展、進歩・進化は、あたかも「螺旋階段」を登るようにして起こる。
螺旋階段を登る人を横から見ていると、上に登っていくが（進歩・発展）、
この人を上から見ていると、階段を一周回って、元の位置に戻ってくる（復古・復活）。
ただし、これは螺旋階段。必ず、一段高い位置に登っている。

すなわち、物事の変化・発展、進歩・進化においては、
古く懐かしいものが、新たな価値を伴って復活してくる。
それが、弁証法の「螺旋的発展の法則」である。

この法則の事例は、枚挙に暇（いとま）が無いが、特に**インターネットの世界は「事例の宝庫」と**
言っても過言ではない。

例えば、ネットの世界で広がっている「**オークション**」と「**逆オークション**」。

これは、懐かしい「競り」と「指値」の復活。

ただし、昔の「競り」や「指値」は、数百人相手にしかできなかった。

それが、ネットのお陰で、いまでは、数百万人相手でもできる。

例えば、やはりネットの世界で広がっている「eラーニング」。

これは、単なる「遠隔教育」ではない。その本質は、「個別学習」。

誰もが、自分の興味と能力、生活の都合に合わせて学ぶことができる。

それは、ある意味で、懐かしい「寺子屋」や「家庭教師」の復活。

工業社会において、個人の興味や能力、都合に関係なく一律に教育が進められた「集団教育」以前の教育が復活してきている。

ただし、ネットのお陰で、いまや、スタンフォード大学やＭＩＴの講義でも聴くことができる。


例えば、いま、誰もが毎日使っている「eメール」。

これは、懐かしい「手紙の文化」の復活。

「eメール」以前は、「電話の文化」。

言葉を話すことによってコミュニケーションを行う文化であった。

その前は、「手紙の文化」。

それは、文字を書くことによってコミュニケーションを行う文化。

それゆえ、「eメール」とは、古く懐かしい「手紙の文化」の復活。

ただし、eメールは、地球の裏側にでも一瞬で届けられる。数千名にも同時に届けられる。容易に転送ができる。やはり、螺旋階段を一段登っている。

そして、この**「古く懐かしいものが、新たな価値を伴って復活する」**ということは、ネットの世界だけではない。

例えば、**「リサイクルの文化」**。

かつて、資源が貴重であった時代は、資源リサイクルは生活の常識であった。

しかし、その後、大量生産・大量消費・大量廃棄の時代が到来し、「リサイクルの文化」は影を潜めた。

けれども、近年、地球環境問題が深刻になり、この「リサイクルの文化」が復活してきている。それも、リサイクル技術、リサイクル制度、リサイクル事業、いずれも新たな形を伴って復活してきている。

このように「螺旋的発展の法則」の事例は枚挙に暇が無いが、本書の紙数にも限りがある。興味のある読者は、拙著『未来を予見する「5つの法則」』（光文社）や『使える弁証法』（東洋経済新報社）などをご覧頂きたい。以下、本書においては、さらに学びを深めたい読者のために、各話において、そのテーマに関連する拙著の紹介をさせて頂くが、この二つの著書では、弁証法の次の「五つの法則」について紹介してある。

（1）「螺旋的プロセス」による発展の法則
（2）「否定の否定」による発展の法則
（3）「量から質への転化」による発展の法則
（4）「対立物の相互浸透」による発展の法則
（5）「矛盾の止揚」による発展の法則

「複雑系思想」による未来予見

では、**「未来を予見する法則」**を語った思想として、もう一つ挙げるとすれば、何か？

「複雑系」の思想であろう。

これは、第九話のサンタフェ研究所のところでも述べたが、いま、**現代科学の最先端のテーマとなっている「知の領域」であり、自然科学、社会科学、人文科学のすべての分野を超えて学際的な研究が進められている研究分野である。**

この思想は、**企業や市場や社会などのシステムが、その「複雑性」（Complexity）を高めていくと、「生命的システム」としての性質を強め、「自己組織化」や「創発」、「生態系の形成」や「相互進化」、さらには、システムの片隅の小さなゆらぎが、システム全体の大変動をもたらす「バタフライ効果」などの性質を示すようになることを述べている。**

この「バタフライ効果」は、すでに、世界経済危機を招いたリーマンショックにも象徴されるものであるが、これ以外にも、市場において一つの商品が圧倒的に優位な地位を固めてしまう「ロックイン現象」や、ネットコミュニティにおいて新たなアイデアが自然に生まれてくる「創発的プロセス」など、**これから企業や市場や社会の未来がどうなっていくかを理解するためには、極めて有効な視点を提供する思想**でもある。

これも、紙数の関係で詳しい紹介は省くが、興味のある方は、拙著『複雑系の知』（講談社）や『複雑系の経営』（東洋経済新報社）、『まず、世界観を変えよ』（英治出版）などを参照頂きたい。

なぜ、「未来」を予見するのか？

では、なぜ、スーパージェネラリストは、こうした「思想」を学び、未来を予見する必要があるのか？

未来を予見できなければ、「ビジョン」や「戦略」を描けないからである。

これから世の中が、どの方向に向かっていくのか？
これから企業や市場や社会が、どのように変化していくのか？
それを知ることができなければ、「ビジョン」を描くこともできない。「戦略」を立てることもできない。さらには、「志」を定めることもできない。

著者が、過去において、「未来予見」に関する次のような著書を上梓してきた理由は、まさにその一点にある。

『これから日本市場で何が起こるのか』（東洋経済新報社）
『これから知識社会で何が起こるのか』（東洋経済新報社）
『これから市場戦略はどう変わるのか』（ダイヤモンド社）
『これから何が起こるのか』（ＰＨＰ研究所）

未来を予見できなければ、「ビジョン」や「戦略」を描けない。

そう述べると、当たり前のことと思われるかもしれないが、実際には、**未来を予見することを疎かにして、ビジョンを描き、戦略を立てている企業や個人は決して少なくない。**

一つの例を挙げよう。

何年も前であるが、あるフィルムメーカーの戦略企画担当者が、著者のところに相談に来た。相談の主旨は、「これからデジタルカメラの時代になる趨勢だが、それでも、何とかフィルムを使ってもらえるような新たな市場開拓戦略はないか」というものであった。

しかし、それからの社会の変化は、ご承知のように、デジタルカメラが市場を席巻し、フィルムカメラは姿を消した。この担当者が「デジタル革命」というものの本質を理解していたならば、こうした時代の流れに逆行するような戦略思考は生まれてこなかっただろう。

もう一つの例を挙げよう。

ある中堅のビジネスパーソンが、著者のところに相談に来た。彼は、転職を考えているのだが、そのために、専門知識を学び、色々な資格を取っている。その知識と資格を使って、有利な転職をしたいと考えていた。しかし、知識社会とは、実は、「知識が価値を失っていく社会」。彼が考えるべきは、本を読み、「知識」を身につけ、資格を取るという方針で、若い世代と同じレベルで競争することではなく、過去の経験から掴んだ「智恵」の「棚卸し」である。彼もまた、残念ながら、時代の流れを読み違っている。

ちなみに、**「未来を予見する思想」を学ぶと、ある特定の分野での専門知識が無くとも、その分野の未来に起こる本質的な変化は予見できる。**

そうした思考方法を用いて書いた著作が、『目に見えない資本主義』（東洋経済新報社）や『金融業の進化　10の戦略思考』（ダイヤモンド社）である。

いずれも、著者は、経済学の専門家でもなく、金融業の専門家でもないが、この「未来を予見する思想」を用いて、経済と資本主義の未来、金融業の未来を予見したものである。

第一五話

なぜ、「目標」と「ビジョン」が混同されるのか?

「ビジョン」に関する二つの誤解

第二に、「ビジョン」のレベルの知性を、いかに磨くべきか?

まず、「ビジョン」ということの意味を、正しく理解すべきであろう。

最初に、しばしば世の中で見かけるシーンを紹介しよう。

ある企業の講堂で、社長が社員全員を集め、訓示をしている。

先日、社内の委員会で策定された「二一世紀ビジョン宣言」を社員に語っている。いわく、「当社は、二一世紀に人類社会が直面している地球環境問題の解決に貢献するべく、地球に優しい企業を目指す」とのこと。

それを聴いている社員は、心中、誰も異論は無いのだが、特にその「ビジョン」を聴いて気持ちが盛り上がるわけでもない・・・。

こうしたシーンは、しばしばお目にかかる。

また、あるベンチャー企業で、起業家でもあるCEOが、創業メンバーを集めて、熱を込め、「創業ビジョン」を語っている。

「我々は、五年以内に、全国各地で一〇〇店舗を展開し、この業界でのリーディングカンパニーを目指す」

それを聴いている創業メンバーは、まなじりを決して、このCEOの「ビジョン」に耳を傾けている。

こうしたシーンにも、しばしばお目にかかる。

もとより、この社長とＣＥＯ、いずれも企業のリーダーとして、真摯に社員やメンバーに語りかけている。その姿勢は、敬服すべきものがある。

しかし、この社長とＣＥＯ、一つ気がついておくべきことがある。

何か？

この二人が語っているものは、実は、「ビジョン」ではない。

社長の語っているのは「企業理念」であり、ＣＥＯが語っているのは「事業目標」である。もとより、**「企業理念」も「事業目標」も重要なものであるが、それは、決して「ビジョン」ではない。**

「ビジョン」とは願望や目標ではない

では、「ビジョン」とは何か？

「ビジョン」とは、「これから何が起こるのか」についての「客観的思考」である。

それは、「Vision」という英語の語義通り、**「見通し」**や**「先見性」「洞察力」**という意味の言葉である。

すなわち、**「ビジョン」とは、未来に対する「客観的思考」であり、「主観的願望」**や**「意志的目標」ではない。**それは、「これから、こういうことを起こしたい」という願望でもなければ、「これから、こういうことを起こそう」という目標でもない。

「ビジョン」とは、どこまでも、「これから何が起こるのか」についての、客観的・理性的な思考であることを理解する必要がある。

では、なぜ、そのことが重要か？

もし、**我々が、企業や市場や社会の「問題」を解決したいと思い、そうした「問題」を生み出す企業や市場や社会の「仕組み」を変革したいと思うならば、まず、何よりも、企業や市場や社会が、「これからどのような方向に変化しようとしているのか」を洞察する必要があるからである。**

なぜなら、企業や市場や社会が変化していく方向が見え、「これから何が起こるのか」が見えたならば、その変化を「追い風」とする「戦略」を考えることができるからである。ときに、卓抜な戦略によって、その変化を「良き方向」に導いていくこともできる。


例えば、一九九五年に始まった「**インターネット革命**」。

これは、そもそも、いかなる革命か？

そして、この革命は、これから世の中に、どのような変化を生み出すのか？

これから企業や市場や社会に、どのような変化をもたらすのか？

例えば、そのことについての洞察が、「ビジョン」である。

そして、その「ビジョン」が見えたならば、企業の経営者であれば、「**その変化が、自社の事業にどのような影響を与えるのか**」を考え、「**企業戦略**」を考えることができるようになる。もし、それが、就職前の学生であれば、「**その変化が、自分の進路にどのような影響を与えるのか**」を考え、「**個人戦略**」を考えることができるようになる。

「インターネット革命」のビジョン

では、**ネット革命は、これから企業や市場や社会に、どのような変化をもたらすのか？**

参考までに、手短に語っておこう。

ネット革命の本質は、その「革命」という言葉通り、「権力の移行」である。

この革命によって、**これまで「情報弱者」であった消費者が、市場において、「情報の主導権」を握るようになる。**その結果、これまで企業が情報の主導権を握っていた「**企業中心市場」は、消費者が主導権を握る「顧客中心市場」に変わっていく。**

この顧客中心市場では、ネットを使った生産者から消費者への「直販」が可能になっていくため、従来の「小売」や「卸売」などの「中間業者」は淘汰されていく。言葉を換えれば、**企業の立場に立った「販売代理」を行う事業者は淘汰されていく。**

しかし、一方で、**この新たな市場には、消費者の立場に立って「購買代理」のサービスを提供する事業者が生まれてくる。**「旅行」「読書」「健康」などの消費者の特定のニーズに関連する商品とサービスを、すべて取り揃えて情報提供する事業者である。

この事業者は、従来の「古い中間業者」（ミドルマン）ではなく、**「新たな中間業者」（ニューミドルマン）と呼ばれる、市場での新たなキープレイヤーになっていく。**

実は、いま、ネットの世界で伸びている企業の大半は、この「ニューミドルマン」のビジネスモデルや「購買代理」のサービスを提供して成長している。

例えば、アマゾンは、単なる「ネット書店」ではなく、「読書を楽しみたい」という顧客のニーズに関連する多岐に亘るサービスを提供するニューミドルマンである。アマゾンは、新刊書の購入、中古本の探索、草の根書評、好きな著者の新刊案内、関連書籍の紹介、不要の書籍の売却など、様々なサービスを提供することによって、成長を続けている。

従って、この新たな「顧客中心市場」において企業に求められる「戦略」は、**自社の顧客の本質的なニーズを把握し、このニーズに対する「購買代理」のサービスを提供することである。そのことによって、自社を「ニューミドルマン」へと進化させることである。**

ネット革命と「個人戦略」

では、**ネット革命は、個人の戦略に、どのような影響を与えるのか？**

そのことは、第一四話でも述べた。

ネット革命によって、「言葉で表せる知識」は、急速に価値を失っていく。

かつては、企業において社員を誉める言葉に「彼は物知りだ」「彼女は博覧強記だ」といった言葉があったが、こうした「知識量」や「記憶力」を誉める言葉は死語になっている。なぜなら、いまや、ポケットの中のスマートフォンで、簡単に世界中の「知識」にアクセスすることができるようになったからである。

従って、ネット革命は「知識社会」というものを加速していくが、こうした状況が生まれてくる結果、**「知識社会においては、知識が価値を失っていく」**という逆説が起こる。

では、**「言葉で表せる知識」**が価値を失っていく社会において、何が価値を持つようになるのか？

言うまでもなく、**「言葉で表せない智恵」**である。

それが、先ほど、転職を考える中堅ビジネスパーソンに「智恵の棚卸し」を勧めた理由でもあるが、ある年齢から転職を考えるのであれば、若手ビジネスパーソンを競争相手にするような「新しい知識を学ぶ」という戦略ではなく、**「過去の仕事の経験」を徹底的に振り返り、自身が身につけた会議力、交渉力、プレゼン力、営業力、企画力、プロジェクト・マネジメント力などの「棚卸し」**をこそ行うべきであろう。

「知識社会」についての洞察的ビジョンこそが、適切な個人戦略を可能にする。

さて、紙数にも限りがあるので、この辺りで止めておくが、こうしたネット革命や知識社会で何が起こるのかの「ビジョン」や、何を為すべきかの「戦略」に興味のある読者は、先ほど述べた、拙著『これから日本市場で何が起こるのか』（東洋経済新報社）や『これから何が起こるのか』（ＰＨＰ研究所）などをご覧頂きたい。

ビジョンと思想の「往復運動」

このように、**「ビジョン」とは、企業や市場や社会において、「これから何が起こるのか？」についての客観的思考であり、大局的洞察である。**

そして、この客観的思考や大局的洞察は、何よりも、「ビジョン」の上位にある「思想」によって導かれる。

前話において、「思想」というものは、「未来を予見する方法」であると述べたが、その方法に基づいて未来を予見した結果、「これから何が起こるのか」についての客観的思考や大局的洞察が生まれる。それが「ビジョン」である。

従って、読者が、この「ビジョン」のレベルでの知性を磨き、「これから何が起こるのか」について様々な思考を巡らせるとき、決して忘れてはならないのは、**「思想」のレベルの思考と「ビジョン」のレベルの思考の往復運動**である。

すなわち、学んだ「思想」に基づき「ビジョン」を考え、考えた「ビジョン」を「思想」でチェックするというプロセス。

それが、極めて大切であろう。

そして、次に大切になるのは、この「ビジョン」のレベルの思考と、「戦略」のレベルの思考、「志」のレベルの思考との、往復運動である。

第一六話

「志」と「野心」は、何が違うのか?

「志」と「思い」の違い

第三に、「志」のレベルの知性を、いかに磨くべきか?

「志」のレベルの思考とは、「ビジョン」として描いた「これから何が起こるのか」の幾つかのシナリオの中から、個人の意志として、もしくは企業の意志として「このシナリオの実現を目指そう」「この未来の実現を目指そう」という思考のことである。

このことを理解すると、**個人が「志」を抱くときの一つの重要な視点が見えてくる。**

それは、**「志」と「思い」は違う**ということである。

著者は、二〇〇〇年から多摩大学大学院において「**社会起業家論**」を講じているが、そして、二〇〇三年には「**社会起業家フォーラム**」を設立し、一〇年余り社会起業家の育成と支援を行ってきたが、ときおり、若い大学生から次のような相談を受ける。

「先生、僕は、世の中の役に立ちたいという志を持っているのですが、
何をやったら良いでしょうか？」

この大学生の思いは、尊い。そして、最近、こうした思いを抱く若い世代が増えていることに、深く心温まるものを感じる。

しかし、敢えて言えば、この大学生の抱いているのは「志」ではなく、「世の中の役に立ちたい」という「思い」にすぎない。

「志」とは、もっと具体的なものである。

例えば、「これから日本は超高齢社会に向かい、必ず、介護の人材が質・量ともに不足する。だから、良質の介護サービスを提供できる人材を育成したい」。

これは見事な「志」である。**「これから何が起こるのか」のビジョンを描き、「この未来を目指そう」との意志が明確である。**

例えば、「これから地球温暖化の問題が、ますます深刻になっていく。だから、コミュニティレベルでの省エネルギーを実現するビジネスに取り組みたい」。

これも見事な「志」である。やはり、未来についてのビジョンを描き、どのような未来を目指すかの意志が明確である。

従って、個人が「志」を抱くときには、「志」と「思い」の違いを理解したうえで、具体的な形で「志」を抱かなければならない。

「志」と「野心」の混同

では、**経営者や起業家が「志」を抱くとき、大切にすべき視点は何か？**

「志」と「野心」を混同しないことである。

では、「志」と「野心」は、何が違うのか？

例えば、ある起業家が、熱を込めて創業メンバーに語る。

「我々は、業界ナンバーワンを目指そう！　時価総額一千億円の企業を目指そう！」

この起業家の心意気やよし。創業メンバーの意気も上がるだろう。
しかし、残念ながら、この起業家が抱いているのは、「志」ではない。
それは、「野心」と呼ぶべきものだろう。

例えば、ある経営者が、社員を前に、思いを込めて語る。

「我が社は、高齢者の認知症を改善する画期的治療法を開発しました。
この認知症で苦しんでいる患者さんとご家族は、世界中に数多くいます。
これらの方々に光を届けるのが、我が社の使命です」

この社長の言葉に、社員は深く励まされるだろう。
そして、この社長が語っているのは、まぎれもなく「志」。

では、「志」と「野心」、何が違うのか？
端的に言おう。

「野心」とは、
己一代で何かを成し遂げようとの願望のこと。

「志」とは、
己一代では成し遂げ得ぬほどの素晴らしき何かを、次の世代に託する祈りのこと。

では、なぜ、この二つの違いが重要か？

本当に大切な事業は、一代では成し遂げられないからだ。

地球環境問題の解決。新たなエネルギー社会の構築。

高齢社会における医療や介護。未来の世代の教育。

いずれも、一代で成し遂げられる事業ではない。

しかし、それは、世代から世代へとバトンを受け継いででも、必ず成し遂げなければならない大切な事業。


しかし、一方で、**我々の心の中に、「己一代で何か素晴らしいことを成し遂げたい」「そのことによって、自分が何者かであることを示したい」との「エゴ」（自我）の声なき叫びがあることも事実。**

そのことを理解するならば、「志」のレベルでの知性を磨いていくために、まず、**我々は、自身の心の奥深くにある「エゴ」（自我）を見つめることから始めなければならないだろう。**

第一七話

なぜ、「戦略」とは「戦わない」ための思考なのか？

「戦略」という言葉の誤解

第四に、「戦略」のレベルの知性を、いかに磨くべきか？

ここまで、「思想」「ビジョン」「志」のレベルでの知性の磨き方を語ってきたが、「変革の知性」という意味では、この「戦略」のレベルの知性が、極めて重要である。

当然のことながら、**深い「思想」を学び、明確な「ビジョン」を描き、高き「志」を抱いただけでは、「現実」を変えることはできない。その「現実」を変えるための優れた「戦略」が不可欠である。**

では、**そもそも、「戦略」とは何か？**

この問いに対して、すぐに返ってくる答えが、

「戦略」とは、「戦い」に勝つための「策略」のこと。

といったものであろう。

たしかに、この定義は間違った定義ではないのだが、「戦略」のレベルの知性を磨こうと思うならば、全く違った定義を心に置いて見る必要がある。

それは、何か？

「戦略」とは、「戦い」を「略く」こと。

すなわち、**「戦略」とは、「いかに戦うか」の思考ではなく、「いかに戦わないか」の思**考に他ならない。

このことは、『知性を磨く』という書名の本書を手に取られる読者であれば、納得されることであろう。

真の知性は、「戦って相手を打倒し勝つ」ことに価値を置くのではなく、「無用の戦いをせずに目的を達成する」ことに価値を置く。

しかし、こう述べると、経営戦略に詳しい読者から、賛同の声が挙がるかもしれない。

「その通りですね。そもそも、経営資源を無駄遣いするべきではない。従って、無用の戦いは、極力避けるべきでしょう」

この考えもまた、経営戦略論の常識であり、決して間違ったことを言っていない。

しかし、スーパージェネラリストの知性は、別なことを考える。

たしかに、経営者や起業家であるかぎり、経営資源を無駄遣いするべきではない。

しかし、経営者や起業家、リーダーであるかぎり、そうした「経営資源論」を論じる前に、深く理解しておくべきことがある。

人生が懸かっている。

そのことを理解すべきであろう。

どのような戦略にも、そこには「かけがえの無い人生」が懸けられている。

そこには、部下や社員の「かけがえの無い人生の時間」が懸けられている。

例えば、我々が、上司として、新商品開発の戦略を実行に移した瞬間に、その仕事には、何人かの部下が、「**かけがえの無い人生の時間**」を捧げることになる。

例えば、我々が、経営者として、新事業開発の戦略を実行に移した瞬間に、その仕事には、何人かの社員が、「**かけがえの無い人生の時間**」を捧げることになる。

もし、我々が、そのことを理解するならば、「無用の戦いをせずに目的を達する」ということの、本当の大切さが分かるだろう。

「戦略」と書いて「戦い」を「略く（はぶく）」と読むことの真の意味が分かるだろう。

そして、それは、**「戦略」のレベルの知性と「人間力」のレベルの知性を「垂直統合」したスーパージェネラリストが、必ず身につけるべき視点**でもある。

いや、それは、実は「戦略」だけではない。すべての「ビジネス」、すべての「事業」、すべての「仕事」において、共通の真実。

そこには、部下や社員の「かけがえの無い人生の時間」が懸けられている。

それは、共通の真実であろう。

「山登り」から「波乗り」へ

そのうえで、「戦略」のレベルの知性を磨くとき、もう一つ、理解しておくべき大切なことがある。

「戦略思考のパラダイム」が変わった。

そのことを理解すべきであろう。

これは、どういうことか？

これまでの戦略思考は、**「山登りの戦略思考」**とでも呼ぶべきものであった。

すなわち、**あたかも山に登るときのように、地図を広げ、地形を理解し、目的とする山頂を定め、その山頂に向けて、どのルートで登っていくかを決めるという戦略思考**であった。

しかし、世の中の変化が急激かつ非連続になり、企業や組織をめぐる環境が予測不能な形で目まぐるしく変化する時代を迎え、これまでの「山登りの戦略思考」では、その環境変化に対応できなくなった。

では、こうした時代に、どのような戦略思考が求められるのか？

「波乗りの戦略思考」である。

すなわち、**あたかもサーフィンで波に乗るときのように、刻々変化する波の形を瞬時に体で感じ取り、瞬間的に体勢を切り替え、その波に上手く乗りつつ、目的の方向に向かっていくという戦略思考である。**

端的に言えば、変化の激しいこれからの時代には、三日前に立てた戦略が、すぐに古くなってしまう。従って、環境変化が緩やかに起こるという前提での「**山登りの戦略思考**」**では現実に対処することができず、刻々変化する環境に瞬時に対処していく「波乗りの戦略思考」へと、戦略思考のパラダイムを変えなければならない。**

この「戦略思考のパラダイム転換」については、これ以上詳しく述べる紙数は無いが、興味のある読者は、拙著『まず、戦略思考を変えよ』（ダイヤモンド社）を参照して頂きたい。

「アート」としての戦略

では、「山登りの戦略思考」から「波乗りの戦略思考」へと戦略思考のパラダイムが変わるとき、スーパージェネラリストの「戦略」のレベルの知性には、何が求められるか？

誤解を恐れずに言おう。

「戦略的反射神経」

その知的能力が求められる。

すなわち、**ある経営環境において策定された「戦略」というものを、その経営環境の刻々の変化を感じ取り、その変化に応じて、瞬時に修正していく能力**である。

その知的能力は、かつての「山登りの戦略思考」の時代において有効であった**「論理的思考」の能力**ではなく、敢えて言えば、**「直観的感覚」の能力**である。

すなわち、これからの時代には、この「直観的感覚」を鍛えることが、「戦略」のレベルの知性を磨くことでもある。

著者が、かねて「**二一世紀、戦略とは、最高のアートになっていく**」と述べるのは、この機微を指している。

第一八話

なぜ、優れたプロフェッショナルは、「想像力」が豊かなのか？

「想像力」という知性

第五に、「戦術」のレベルの知性を、いかに磨くべきか？

スーパージェネラリストの「垂直統合」の思考においては、「戦略」を立てたならば、直ちに、「戦術」のレベルに具体化していく。さらには、「詳細な行動計画」にしていく。

では、このとき重要なものは、何か？

「想像力」（イマジネーション）である。

それは、なぜか？

そのことを考えるために、一つのエピソードを紹介しておこう。

それは、かつてのサッカー全日本代表の選手であり、ワールドカップにも三度出場している中田英寿選手のエピソードである。

かつて現役時代の中田選手は、周りから「中田は、後に目がついている」と言われた。

それは、自陣の方を向いてプレーをしているときでも、背後にいるフォワードの選手の動きが見えているように、瞬時に、的確に、パスを出せる技量を評して言われたことであるが、では、実際に彼は「頭の後」に目がついていたのか？

そうではないことは明らかである。

彼が、あたかも「後に目がついている」ようにプレーできるのは、究極、彼の「想像力」（イマジネーション）が優れているからに他ならない。

すなわち、ある瞬間に目に入ってくる敵軍の選手と自軍の選手の位置と動きを頭に入れ、直後に、それらの選手が視界から消えても、それぞれの選手が、どのような動きをするかを瞬時に「想像」する。そして、その「想像」した動きに合わせて絶好のタイミングでパスを出す。その卓抜な技量が、「後に目がついている」という印象を与えるにすぎない。

しかし、中田選手が示したこの「想像力」（イマジネーション）は、実は、極めて高度な「知的能力」でもある。そして、最近のサッカーでは、解説者が選手を誉めるときに、「あの選手は、イマジネーション豊かなプレーをしますね」といった言葉を使う。

実は、著者も高校時代からサッカーを競技してきた人間であるが、かつてのサッカーの世界では、こうした「イマジネーション」などという知的な言葉は使われなかった。それは、現代のサッカーが、かつての「体力と技術の勝負」といった世界から、「知的な戦い」をも含んだ競技へと進化していることを意味しているのであろう。

「固有名詞」とシミュレーション

では、なぜ、このエピソードを紹介したのか？

実は、サッカーだけでなく、ビジネスにおいても、「戦術」のレベルの知性に求められるのは、この「想像力」（イマジネーション）だからである。

それは、なぜか？

端的に言おう。

「戦術」とは「固有名詞」で語るべき世界だからである。

しばしば、「戦略」と「戦術」の違いについて様々な定義が語られるが、最も実務的に有効な定義は、「固有名詞」の有無である。「固有名詞」とは、具体的な個人名や企業名、組織名のこと。

例えば、第一二話で述べた異業種コンソーシアムの事例で言えば、「異業種コンソーシアムを結成して、パッケージ商品を開発する」というのは「戦略」のレベルの思考である。しかし、「A社、B社、C社、D社で異業種コンソーシアムを結成して、パッケージ商品を開発し、B社とC社の顧客チャンネルで販売する」という「固有名詞」を付した思考は、「戦術」のレベルの思考である。

では、なぜ、「戦術」のレベルの思考では、「固有名詞」が不可欠なのか？

具体的な「シミュレーション」を行うためである。

例えば、先の事例において、「この異業種コンソーシアムの企画書を、A社の事業開発部のE部長に提案したら、どういう反応が返ってくるか?」ということを想像する。実際にE部長に会って提案をする前に、徹底的な「思考シミュレーション」を行う。そして、その結果を想像する。その想像結果に基づいて、実際の行動以前に「戦術」を修正することもある。

しかし、そのためには「背景情報」や「周辺情報」が重要になる。当該の人物や組織についての人間関係、組織文化、会社方針、競合企業、市場動向、社会情勢などの情報だ。例えば、「E部長の右腕のF課長は、コストに厳しい」といった情報が入ってくる。その情報によって、「異業種コンソーシアムへの参加を求めるとき、参加費が大きな関心事になるだろう」ということが想像できる。それができれば、「A社に対しては、特別な参加費を提案しよう」といった形で「戦術」の具体的修正ができる。

このように、「戦術」のレベルの知性とは、その「戦術」に関わる「固有名詞」と「背景情報」「周辺情報」を用いて、「想像力」を最大限に働かせ、徹底的なシミュレーションを行うことのできる知性のことである。

しかし、残念ながら、「戦術」というものを、このレベルで理解している経営者やリーダー、プロフェッショナルやビジネスパーソンは、必ずしも多くない。

それは、なぜか？

世の中に「戦略思考」という言葉はあるが、「戦術思考」という言葉は無いからだ。

そのため、ほとんどの場合、思考が「戦略思考」で止まってしまい、固有名詞と背景情報、周辺情報を用い、「想像力」を徹底的に活用した「シミュレーション」を行わないからである。

「反省力」という知性

しかし、「戦術」のレベルの知性には、この**「想像力」という知性**だけでなく、もう一つ求められる知性がある。

「反省力」という知性である。

すなわち、「戦術」を考え、実際にその「戦術」を実行したとき、それが成功裏に進む場合と、成功裏に進まない場合がある。そのとき、いずれの結果であっても、その「戦術」を実行した経緯を仔細に振り返り、それを思考の中で徹底的に「追体験」する。そして、そこから、「戦術」の改善策を学ぶことのできる知性、それが、「反省力」と呼ぶべき知性である。

こう述べると抽象的に聞こえるかもしれないが、この「想像力」と「反省力」という知性は、顧客との商談の往復の道すがらでも磨くことができる。

著者は、シンクタンクの時代、部下とともに顧客への営業に向かうときは、電車やタクシーの中で、必ず、こうした会話を交わした。

「今日、先方から出て来られるのは、誰かな?」
「A部長とB課長、そして、C担当です」
「A部長とは初めてだが、どのような方かな?」
「A部長は、穏やかな雰囲気の方ですが、コストには厳しいと聞いています」

「B課長は、前回の商談でも出て来られたが、今回の当方の企画に対する反応は？」

「B課長は、技術畑なので、今回の企画には強い興味を持って頂いています。

ただ、このプロジェクトについては、決定権があるようには見えません」

「決定権は、やはりA部長か・・・」

「いや、若手ですが、プロジェクト担当のC氏の意見が、決め手になると思います」

「では、今日の商談では、冒頭、コスト問題については、先方が納得する提案をしよう。

そのうえで、技術の問題については、B課長の意見を聴きながらも、
C氏の反応を良く見て、C氏へのフォローをしっかり行おう」


これが「想像力」を使った「シミュレーション」である。

そして、帰りの電車やタクシーの中では、次のような会話を交わした。

「冒頭の、当方からのコストの提案、A部長の反応を、どう思った？」
「予想通り、こちらの提案に対する反応は良かったですが、
技術説明になったとき、あの鋭い質問が出るとは思わなかったですね・・・」

「しかし、予想通り、B課長は、あの技術に対して興味を示してくれたが・・・」
「それは、追い風になったと思いますが、
なぜか、C担当が納得できないという表情をしていたのが気になります」
「それは自分も感じた。では、早速、明日C担当に個別に連絡をとって、
当方の技術提案についての率直な意見を聞いてくれるか」
「了解しました」

これが、「反省力」を使った「追体験」である。

もう一度整理しておこう。
ある「戦略」の下で「戦術」を決定するためには、まず、具体的な「固有名詞」を想定し、可能な限り「背景情報」と「周辺情報」を入手したうえで、その「戦術」を実行したときの「シミュレーション」を徹底的に行い、「戦術」の最善策を検討する。
また、一つの「戦術」を実行した後は、その経緯を仔細に振り返り、徹底的な「追体験」を行い、「戦術」の改善策、もしくは「新たな戦術」を検討する。

それが、「**戦略思考**」ならぬ「**戦術思考**」であるが、この「**戦術思考**」において**極めて重要なものが、「想像力」と「反省力」である。**

この二つの力を、対比的に述べておこう。

「想像力」とは、
「未来に起こる出来事の展開を具体的に想像し、そこから最善策を選ぶ力」のこと。
「反省力」とは、
「過去に起こった出来事の経緯を仔細に追体験し、そこから改善策を学ぶ力」のこと。

すなわち、「戦術」のレベルの知性とは、まさに、この「想像力」という知性と「反省力」という知性が「車の両輪」となって働くものであり、この「想像力」と「反省力」を磨くことが、「戦術」のレベルの知性を磨く基本となる。

この「戦術思考」に興味のある読者は、拙著『企画力』（ＰＨＰ文庫）や『営業力』（ダイヤモンド社）などを参照頂きたい。そこには、「シミュレーション」や「シーン・メイキング」の技法とともに、「追体験」や「反省」の技法などが語られている。

第一九話

「知性」を磨くための「メタ知性」とは何か?

技術の本質は「言葉で表せない智恵」

第六に、「技術」のレベルの知性を、いかに磨くべきか?


前話では、「戦術」のレベルの知性を、いかに磨くかについて述べた。

しかし、この「戦術」を実行に移すとき、直ちに問題になるのが、「技術」である。

英語で言えば、「**スキル**」や「**センス**」「**テクニック**」や「**ノウハウ**」と呼ばれる能力。

日本語では、「**企画力**」や「**提案力**」「**交渉力**」や「**営業力**」、さらには「**プレゼン力**」や「**プロジェクト・マネジメント力**」など「・・・力」といった言葉で語られる能力。

いずれにしても、「戦術」を実行に移すとき、プロフェッショナルとして、必要な水準の「技術」を持っているか否かが、深く問われる。

どれほど優れた「戦略」を立案し、どれほど卓抜な「戦術」を考えても、この「技術」が伴わなければ、我々は、目の前の一人の「人間」を動かすこともできず、目の前の「現実」を変えることもできない。

では、どのようにして、その「技術」を身につけ、「技術」のレベルの知性を磨いていけばよいのか？

そのことを考えるとき、最初に理解しておくべきことがある。

「技術」の本質は、「知識」ではなく、「智恵」である。

すなわち、第七話で述べたように、「技術」の本質は、**「言葉で表せない智恵」**であり、それは、決して、**「言葉で表せる知識」**ではない。それゆえ、**「技術」とは、決して「書物」で学べるものではなく、「経験」を通じてしか学べないものである。**

では、スキルやセンス、テクニックやノウハウといった「技術」を身につけるためには、「経験」を積めばよいか？

残念ながら、そうではない。

経験だけ豊かなマネジャー

世の中には、「経験だけ豊かなマネジャー」という人物が存在する。

例えば、以前、ある企業の中堅マネジャーが転職の相談に来た。

当然、話題は、彼のこれまでの経歴の話になった。

聞いていると、彼は、実に多彩な経歴を持っている。

入社してすぐ、工場の現場で働く。

その後、本社に戻って営業部で働き、海外での商品販売にも関わる。

その経緯から、海外支店も勤務し、帰国してからは、事業企画部に所属する。

この事業企画部では、いま、ある新事業の企画を担当しているとのこと。

実に多彩な経歴。豊かな経験。

しかし、・・・

なぜか、彼から伝わってこないものがある。

「プロフェッショナルの智恵」

それが伝わってこない。

例えば、工場管理の話になっても、商品販売の話になっても、事業企画の話になっても、その「経験」から掴んだスキルやセンス、テクニックやノウハウ的な話が伝わってこない。

もとより、こうした「技術」は「言葉で表せない智恵」でもあり、それほど明確に言葉で表現されるものではないが、やはり何かの「技術」を身につけている人間からは、言外に、そのことが伝わってくるものである。特に、プロフェッショナル同士の会話においては、無言で、それが伝わってくる。身体感覚で、伝わってくる。

しかし、この中堅マネジャーからは、その「プロフェッショナルの智恵」が伝わってこない。

では、この中堅マネジャー、何が問題か？

「経験」が、「体験」になっていない。

それが、彼の問題であろう。

すなわち、工場管理、商品販売、事業企画、いずれの業務の「経験」をしても、その「経験」から掴める「プロフェッショナルの技術」を、深いレベルで掴んでおらず、そのことによって、「経験」を「体験」に深めていないのである。

もし、そうした「プロフェッショナルの技術」を深いレベルで掴んでいたならば、彼の口から、問わず語りに次のような言葉が出てくるだろう。

「工場管理というのは、いわば『落穂拾い』みたいなものなんですね・・・」

「商品販売では、『この商品を売ってやろう』と思っている限り、売れないですね」

「事業企画は、どれほど緻密な計画を立てても、所詮、スタートしたら『予想外の出来事』の連続ですよ・・・」

この中堅マネジャーからは、そうした「**プロフェッショナルの言葉**」が出てこない。

ただ、過去の経験を「想い出話」のように語る彼の姿を見ながら、彼のこれからの転職活動が容易ではないことを感じた。

伝説的投手の「反省」

では、なぜ、彼の「経験」が、「体験」になっていないのか？

「反省の技法」を身につけていないからである。

すなわち、**一つの「経験」をしたとき、その「経験」をそのままで終わらせず、心の中で「追体験」しながら、そこから掴める「智恵」を徹底的に掴むというスタイル、**いわば「反省の技法」とでも呼ぶべきものを身につけていないのである。その「反省の技法」によって、**「経験」を「体験」へと深めていない**のである。

しかし、ここで「反省の技法」という言葉を使うと、読者から疑問の声が挙がるだろう。

「反省に、技法などというものがあるのか・・・？」

然(しか)り。**「反省」には、明確な「技法」というものが存在する。**

そして、優れたプロフェッショナルは、意識的、無意識的を問わず、この「反省の技法」を日々、実践している。

例えば、プロ野球の歴史に名を残している往年の名投手、江夏豊。

一九七一年のオールスター戦での「九者連続三振」の完璧な投球。

一九七九年の日本シリーズ第七戦、九回裏ノーアウト満塁からの劇的なシャットアウト。

そうした伝説的場面を残した名投手江夏は、登板した試合の後、自身のすべての投球を一球一球、丹念に振り返り、「反省」をしていったと言われる。

ビジネスパーソンも、同様に、**一日一日の仕事を振り返り、丹念に「反省」をしていったならば、確実に「プロフェッショナルの技術」を磨くことができる**のだが、それをするビジネスパーソンは決して多くはない。その背景には、第五話で述べたように、そもそもそうした**「反省の技法」を実践できるだけの「精神のスタミナ」「精神のエネルギー」が身についていない**という問題があるのだが、いずれにしても、この「反省」を行わない。

「懺悔」や「後悔」とは異なる「反省」

ちなみに、この「反省」**という言葉の意味を誤解**しているビジネスパーソンも、少なくない。

例えば、上司から「今回のプロジェクトの失敗を、反省しろ！」と言われて、「自分の未熟さがすべて出ました・・・」と答える部下がいる。これは「反省」をしているのではなく「**懺悔」をしている**だけである。

同様に、上司から「今回のプロジェクトの失敗を、反省しろ！」と言われて、「もう二度と、こうした苦労はしたくないです・・・」と答える部下がいる。これは「反省」をしているのではなく「**後悔」をしている**だけである。

笑い話のような話になってしまったが、**「反省」とは、こうした主観的・感情的な「懺悔」でも「後悔」でもない。「反省」とは、極めて客観的・理性的な「智恵の修得法」なのである。**

従って、そこには、明確な「**技法**」と呼ばれるものが存在する。

問題は、その「技法」を身につけているか否かなのである。

「私淑」という技法

いま、**「智恵の修得法」**という言葉を使ったが、この言葉を聞いて、

「智恵に、修得法などというものがあるのか？」

と思われた読者もいるだろう。

これも然り。**「智恵」には、「修得法」と呼ぶべきものが存在する。**

すなわち、

「言葉で表せない智恵」

「書物から学べない智恵」

「経験からしか掴めない智恵」

というものを修得するための「技法」というものが存在する。


その一つが、いま述べた**「反省の技法」**。

　そして、もう一つ挙げるならば、「**私淑の技法**」。

　「私淑」とは、「この人が私の師匠だ」と心に定め、その師匠の姿から「智恵」を様々な形で学ぶこと。

　この「私淑の技法」としては、例えば、

「師匠からは、まず、リズム感を学べ」
「師匠からは、次に、バランス感覚を学べ」
「師匠の『技』だけでなく、その奥の『心』の動きを注視せよ」

といった様々な技法があるが、この「**私淑の技法**」を身につけているか否かで、**同じプロフェッショナルの下で修業をしても、その成長の速さに圧倒的な差がついてしまう。**

　著者は、職業的な立場から、様々な分野の一流のプロフェッショナルの話を聞く機会があるが、その多くのプロフェッショナルが共通に語るのは、若き時代に私淑した「師匠」の話である。

いわく、

「自分の今日あるのは、あの師匠のお陰だ・・・」
「師匠の横顔と後姿から学ぶものが、すべてだった・・・」
「あの師匠は、仕事に対して本当に厳しい師匠だったな・・・」

といった話である。

しかし、ここで気がつくことは、この一流のプロフェッショナルが懐かしく振り返る、**優れた「師匠」**。

しかし、**この「師匠」の下で働いたのは、彼だけではなかった**という、冷厳な事実。

この「師匠」と縁を得て、誰もが一流のプロフェッショナルの道を歩んだわけではない。

そこに人生の歩みの違いがあったとすれば、その一つの理由は、

「智恵の修得法」を身につけていたか、否か。

すなわち、**「師匠」と呼ぶべき人物と巡り会って、その人物の姿から「プロフェッショナルの智恵」を様々な形で掴む「私淑の技法」**。それを身につけていたか、否か。

その師匠から与えられる「経験」の一つ一つを丹念に振り返り、**そこから掴むべき「プロフェッショナルの智恵」を深いレベルで掴み、その「経験」を「体験」にまで深める「反省の技法」**。それを身につけていたか、否か。

それが人生の歩みの違いとなっていったのであろう。

「知識の勉強法」から「智恵の修得法」へ

では、この「智恵の修得法」、その本質は何か？

「智恵」を掴むための「智恵」

それが本質であろう。

言葉を換えれば、

「メタレベルの知性」

すなわち、スキルやテクニックという「技術」のレベルの知性を磨くためには、本来、**「智恵の修得法」と呼ぶべき「メタレベルの知性」**を身につけなければならないのである。

この**「智恵の修得法」**や**「反省の技法」**、**「私淑の技法」**については、拙著『成長し続けるための77の言葉』(PHP研究所)や『知的プロフェッショナルへの戦略』(講談社)などでも述べてきたが、この「智恵の修得法」は、これからの時代、極めて重要になっていく。

その理由は、第一五話でも述べた。

これから「言葉で表せる知識」が価値を失っていくからである。

ネット革命によって、いまや「言葉で表せる知識」は、身近なスマートフォンなどで、誰でも瞬時に入手できるようになった。

それゆえ、「言葉で表せる知識」が価値を失っていく時代、**相対的に価値を高めていく**
のが「言葉で表せない智恵」である。

その「智恵」を、「経験」を通じて掴み取っていく技法。

その「智恵の修得法」は、これから、極めて重要になっていく。

しばらく前に、書店の棚を賑（にぎ）わした書籍に『勉強法』と名のつくものがあった。

これは、「言葉で表せる知識」を、いかに速く正確に学ぶかの技法を述べたもの。

「知能」と「知識」で人間の能力を測る「学歴社会」や「資格社会」においては、こうした「**知識の勉強法**」が求められてきた。

しかし、これからの「**高度知識社会」において求められるのは、実は、「知識の勉強法」ではなく、「智恵の修得法」**。

その「**メタレベルの知性**」を身につけることから、「技術」のレベルの知性を磨く営みが始まる。

第二〇話

なぜ、古典を読んでも「人間力」が身につかないのか？

「人間力」を磨く唯一の方法

第七に、「人間力」のレベルでの知性を、いかに磨くべきか？

このことを語る前に、最初に述べておきたい。

この「人間力を磨く」という言葉を聞くと、すぐに「儒学を学ぶ」といった発想になる人がいるが、『論語』に関する書物を数多く読み、どれほど言葉で「儒学」を学んでも、**ただ「知識」として学ぶだけに終わり、「智恵」としての「人間力」を掴むことは、決してできない。**そのことは、第七話でも語った。

それを、古来、「**論語読みの論語知らず**」と呼ぶのだが、我々が、真に「人間力」を磨きたいと思うならば、為すべきことはただ一つ。

「心の動き」を感じ取る修業を、積む。

言葉にすれば、それだけである。
では、「心の動き」とは、何か？
三つある。

一つは、「自分の心」の動き。
一つは、「相手の心」の動き。
一つは、「集団の心」の動き。

では、「自分の心」の動きを感じ取る修業とは、何か？
例えば、『論語』に、「巧言令色、鮮し仁」という言葉がある。

この言葉を、他者を裁く言葉として使う人物は、少なくない。

会社の同僚を批判して、「あいつは巧言令色だな」といった使い方をする人物は、少なくない。

しかし、こうした**儒学の言葉は、本来、「自分の心」を見つめるための「鏡」として学ぶべき言葉**。

実際、目の前に、強い権力や金力を持った人物、自分に利益を与えてくれそうな人物が現れたとき、心の中で、「エゴ」と呼ぶべき何かが動く。そして、その「エゴ」が、目の前の人物の気に入りそうな言葉を選び、語ろうとする。

そうした「**自分の心**」**の動きを細やかに感じ取る**ことができたならば、この言葉を学んだ意味はある。そして、その動きを感じ取った瞬間に、巧言令色に流されようとする「エゴ」の動きが静まっていく。

この「**エゴ」という存在は、しばしば、我々の心の苦しみを生み出す元凶となり、他者に害を与える原因となる厄介な存在**でもある。

それゆえ、ときおり、「エゴを捨てよ!」といった宗教的なメッセージを語る人もいるが、実は、**我々の心の中の「エゴ」は、捨てることはできない。消し去ることもできない。**

なぜなら、この「エゴ」**があるからこそ、我々は「生きている」のであり、「生活していく」ことができる**からである。

厄介な「エゴ」への処し方

では、我々は、この厄介な「エゴ」という存在に、どのように処すればよいか？

処し方は、ただ一つである。


ただ、静かに見つめる。


すなわち、**「エゴ」の動きを、ただ、静かに見つめる。それを否定しようとせず、抑圧しようとせず、ただ、静かに見つめる。**これも、言葉にすれば、それだけである。

しかし、**それを行うだけで、不思議なほど「エゴ」の動きは静まっていく。**

実は、それが、**「内観」という修業**の、本当の意味である。

そして、この「**内観**」を**通じて、「自分の心」の動きを感じ取るという修業や、「エゴ」の動きを見つめるという修業を続けていくことが、「人間力」のレベルの知性を磨くための、出発点になる。**

昔から、一人の人物の未熟さを論じる言葉に、「**自分が見えていない**」という言葉が使われてきたが、この「自分が見えていない」ということの本当の意味は、「**自分のエゴの動きが見えていない**」という**意味**に他ならない。なぜなら、**心の中の「エゴ」というものは、その動きを「美しい建前」や「正当な論理」によって「擬態」し、自身の動きを隠す傾向**があるからだ。

例えば、活躍する同期のライバルが、担当するプロジェクトで小さな不祥事を起こしたとき、「プロジェクト・マネジャーは、全責任を負うべき」と正論を主張する陰で、そのライバルの活躍に対する「嫉妬心」が動いている。

そうした「エゴ」の擬態をも感じ取り、静かに見つめる「内観」の力を磨くことが、「人間力」のレベルの知性を磨くための、出発点になる。

すなわち、「自分が見えている」ということ。

それは、「知性」というものの原点でもある。

「相手の心」を見誤る理由

では、「自分の心」の動きが感じ取れるようになると、何が起こるか？

「相手の心」の動きが感じ取れるようになる。

逆に言えば、**「自分の心」の動きを感じ取る「内観」の修業をしないかぎり、「相手の心」の動きを感じ取る力は身につかない。**

ここで、「相手の心」の動きを感じ取るという意味は、相手の語っている「表面的な言葉」の奥にある「本心の動き」を感じ取るという意味であり、「無言」で何も言わない相手の表情や仕草から、その「本心の動き」を感じ取るという意味である。

しかし、**我々が「相手の心」の動きを見誤るのは、ほとんどの場合、**自分の心の中の**「エゴ」が「自分に都合の良い解釈」や「自分に心地良い解釈」をするからである。**

例えば、上司が部下との面接で訊く。

「自分のマネジメントについて、こう改善してもらいたいということがあったら、遠慮なく、忌憚の無い意見を聞かせて欲しい」

この問いかけに対して、部下は、少し表情を硬くして、こう答える。

「いいえ、特に改善して頂きたいことはありません。満足しています」

この場面、この上司、もし、自分の「エゴ」の動きが見えていなければ、この答えに納得する。部下が上司にとって心地良い答えを、本心を抑えて語ってくれたことに気がつかない。残念ながら、**「エゴ」で目が曇ってしまっている。**

しかし、この上司、もし、自分の「エゴ」の動きが見えていれば、目が曇らない。部下の言葉よりも、その瞬間に表情を硬くしたことに気がついている。部下が本心を語っていないことを感じ取る。

このように、**表面的な言葉や表情の奥にある「相手の心」の動きを感じ取るためには、まず、「自分の心」の動き、「エゴ」の動きを感じ取る知性を身につけなければならない。**

「適切な言葉」を瞬時に選ぶ力

　そして、**「自分の心」**の動きを感じ取り、**「相手の心」**の動きを感じ取る修業を重ねると、自然に、**「集団の心」**の動きを感じ取る知性も身についてくる。

　この「集団の心」の動きを感じ取る知性とは、いわゆる、人間が集まる場において、その場の**「空気を読む力」「雰囲気を察する力」**と呼ばれるものでもある。この力は、言うまでもなく、職場のマネジメントや会社の経営において、マネジャーや経営者に求められる大切な力量でもある。

　さて、このように、**「自分の心」「相手の心」「集団の心」の動きを感じ取る修業を積むことは、「人間力」のレベルの知性を磨くためには、最も基本的な修業である。**

　なぜなら、「相手の心」の動きを感じ取ることができるからこそ、その相手に対して、最も適切な言葉を選んで語りかけることができ、最も適切な行為をしてあげることができるからである。そして、**「人間力」とは、まさに、その「最も適切な言葉」や「最も適切な行為」を、瞬時に選ぶ力に他ならない。**

「スキル倒れ」という言葉の意味

では、具体的には、**日々の仕事において、どのように「人間力」のレベルの知性を磨いていけばよいのか？**

実は、この問いに対する答えも、「垂直統合」の中にある。

もし、我々が、日々の仕事において、**「人間力」のレベルの知性を磨きたかったら、まず、「技術」のレベルの知性を磨くことである。**

なぜなら、**「技術」を磨いていくと、必ず、「人間力」を磨くという課題に向かうことになるからである。**

例えば、最近、プレゼンテーションの腕を上げてきた若手の田中君。

今日も、顧客の前で、見事なプレゼン。

理路整然とした説明。リズム感の良い話。

良く通る声。背筋を伸ばした堂々たる姿勢。

周到に準備されたスライド。過不足の無い情報提供。

田中君、見事なプレゼン・スキル。

本人も「上出来」と感じている。

しかし、なぜか、会場を見渡すと、百名余りの顧客は、この商品に冷めた表情。

それゆえ、あまり売れなかった、今日の商品説明会。

会場の片づけを終え、少し落ち込んだ気分で会社に帰る田中君。

電車の中でも黙ったままの田中君を見かね、上司の岡田課長が、慰めるような口調で話しかける。

「田中、お前のプレゼンは、上手かったよ。俺も、上出来だったたと思う。
だけど、田中、敢えて、俺の感じたことを率直に言わせてもらうが、
お前の商品説明、どこか偉そうなんだよ。
お客様に対して、どこか『上から目線』で物を言っている。

どこか、『教えてやろう』という雰囲気が伝わってくる。
そして、どこか、『売りつけよう』『買わせよう』という意識が伝わってくる。
だから、お客様の気持ちが退(ひ)いていくんだな・・・」

その岡田課長の言葉を聞いて、田中君、何かがストンと胸に落ちる。
以前、小林先輩が語っていた言葉を思い出した。

「**スキル倒れ**」

田中君、心の中で呟く。

「そうだ・・・　俺は、『スキル倒れ』になっていたんだ・・・。
スキルだけ磨いて、肝心のお客様に対するマインドが、ついていかなかった。
お客様に対して、「教えてやろう」「売りつけてやろう」という気持ちが強すぎた。
だから、心の姿勢が、間違っていた。

謙虚な姿勢、お客様の立場で考える姿勢を忘れていた・・・。

ああ、今日の商品説明会、少し落ち込んだけど、勉強になったな・・・」


田中君、きっと次の商品説明会では、良い結果を出せるだろう。


このように、我々は、日々の仕事の中で、「技術」のレベルの知性を磨いていくと、必ず、「人間力」のレベルの知性を磨くという課題に向き合うことになる。

そして、**「人間力」のレベルの知性が、「志」のレベルの知性と深く結びついていること**にも気がつく。

そして、いつか、**「思想」「ビジョン」「志」「戦略」「戦術」「技術」「人間力」という「七つのレベルの知性」が、本来、垂直統合された「一つの知性」である**ことに気がつくだろう。

第二一話

あなたは、どの「人格」で仕事をしているか？

「多重人格」のマネジメント

さて、第一四話から第二〇話まで、「スーパージェネラリスト」の持つべき「七つの知性」、すなわち、「思想」「ビジョン」「志」「戦略」「戦術」「技術」「人間力」それぞれのレベルの知性について、それを磨く方法を語ってきた。

そして、二一世紀に求められる人材、スーパージェネラリストは、この「七つのレベルの知性」をバランス良く身につけ、「垂直統合」した人材であることを述べてきた。

しかし、我々が、このスーパージェネラリストという人間像を目指すためには、もう一つ身につけなければならないものがある。

それは何か？

「多重人格のマネジメント」

それが求められる。

そのことは、本書をここまで読んで来られた読者は、自然に理解されるだろう。

なぜなら、例えば、**「思想」のレベルの知性**を発揮している瞬間には、このスーパージェネラリストの中から「**思想家人格**」とでも呼ぶべきものが現れてくるからである。同様に、**「ビジョン」のレベルの知性**を発揮している瞬間には、例えば「**未来学者人格**」が、**「戦略」のレベル**では「**戦略家人格**」が、**「技術」のレベル**では「**職人人格**」とでも呼ぶべきものが現れてくる。

そして、このことは決して驚くべきことではない。

そもそも、我々は、誰もが、自分の中に「複数の人格」を持っている。

例えば、会社では辣腕の課長、家に帰れば子煩悩な父親、実家に戻れば母親に甘える三男坊、といった形で、誰もが、自分の中に「複数の人格」を持っている。

問題は、それを自覚しているか、自覚していないかである。

ここで**「多重人格」という**言葉を使うと、いわゆる**精神病理の「多重人格」**をイメージする人がいるかもしれない。これは、映画『レイジング・ケイン』やダニエル・キイスのノンフィクション『二四人のビリー・ミリガン』などで描かれた精神病理であり、一人の人物の中に「複数の人格」があり、そのうちの一つの人格が犯罪を行っても、他の人格のときには、犯罪人格のときに何を行ったかを全く記憶していないという病理である。

これに対して、先ほどの例は、「課長」「父親」「三男坊」の人格は、それぞれ、互いの存在も状態も理解しているため、決して精神病理ではないが、**一人の人物の中に「複数の人格」が存在し、置かれた状況によって「異なった人格が前面に出てくる」**という意味で、**「多重人格」と呼ぶ**ことができる。そして、**置かれた状況によって「異なった人格で対処する」ということを自覚的に行うとき、**著者は、**それを「多重人格のマネジメント」と呼んでいる。**

誰もが持つ「複数の人格」

さて、その意味において、我々は誰もが「多重人格」を持つが、**どのような職業に就くかによっても、強く表に出てくる人格が異なってくる。**それは、我々が、老人福祉施設の介護士になった場合と、プロのボクサーになった場合を想定すれば分かりやすいだろう。また、昼は介護士を務めながら、夜はボクサーとしてのトレーニングをする場合、昼と夜とでは、異なった人格が前に出てくるだろう。

また、**一つの職業においてさえ、我々は、異なった人格を使い分けている。**

特に、経営者は、そうした職業の典型であろう。

例えば、若い社員に対しては、「優しい父親」のような人格で接するが、経営会議においては、「厳しいリーダー」の人格が前に出てくることは、ごく自然な姿であろう。

そして、**優れた経営者や起業家、マネジャーやリーダーは、誰もが、意識的、無意識的を問わず、「多重人格のマネジメント」を行っている。**それゆえ、優れた経営者や起業家、マネジャーやリーダーの姿を、その人物の「かばん持ち」などを務めながら一日、傍（そば）で見ていると、**その人物の人格が切り替わった瞬間**を、何度も見るだろう。

著者も、若き日に、一人のビジネスパーソンとして、ある企業の経営者の「かばん持ち」として海外出張などに随行したが、一人の人物の中に、「慈愛に満ちた信仰者」「天性の社交家」「洞察力ある思想家」「辣腕の経営者」「幅広い趣味人」「自ら演奏もする音楽愛好家」など、幾つもの人格が切り替わっていく姿を見た。

「企画会議」で現れる多重人格

このように、**我々は、自分の中に「複数の人格」を持ち、それらの人格を、その場の状況に応じて適宜、切り替えながら生活し、仕事に取り組んでいる。**

従って、スーパージェネラリストが、思想、ビジョン、志、戦略、戦術、技術、人間力という**「七つのレベルの知性」を垂直統合するということは、ある意味で、「七つのレベルの人格」を、適宜、切り替えながら仕事に取り組むことであるとも言える。**

例えば、第一二話で紹介した、著者のシンクタンク時代の企画会議。

この企画会議を振り返ると、「ビジョン」や「戦略」を議論しているときと、「戦術」や「技術」を議論しているときでは、会議を主宰する著者は、明らかに人格の切り替えを行っていた。前者の議論では、できるだけリラックスして、自由な発想が出るような雰囲気を大切にして議論を進めるが、後者の議論に移るときは、「さあ、そろそろリアリティ・

チェックをしよう」と言って、厳しい雰囲気に切り替えた。ここで「**リアリティ・チェック**」とは、「現実的な戦術の観点から戦略を厳しく再検討する」といった意味の言葉であり、著者の造語である。

一般に、企画会議を運営するノウハウとして、「**始め民主主義、終わり独裁**」という言葉があるが、企画会議の始めは、会議主宰者として、誰もが自由に意見を言えるような民主主義的な雰囲気を作るが、アイデアも出尽くして、議論も尽きたあたりからは、それまでの議論を建設的・生産的な形にまとめていかなければならない。そのため、企画会議の後半には、主宰者は、密やかな強引さをもって議論をまとめていく必要がある。それが、「始め民主主義、終わり独裁」と言われるゆえんである。

このように、**スーパージェネラリストは、議論の内容や仕事の課題、問題の状況に応じて、適切に「人格」を切り替えながら、その議論や仕事や問題に処していく。**

もとより、こうしたことができるようになるには、それなりの修業が必要であるが、では、そのために求められる修業とは何か？

「**三つの修業の段階**」を挙げておこう。

第一は、自分の中に「複数の人格」を見出し、それを意識的に見つめる段階である。

そもそも、読者は、自分の中に、どのような人格、何人の人格の存在を感じているだろうか？

そうした問題意識を持って、自分を見つめると、実は、**一日の生活の中でも色々な人格が顔を出していること**に気がつくだろう。

そのことに気がついたら、**自分の人格が切り替わる瞬間を意識する**ことである。そして、同時に、職場の同僚や友人と一緒にいるとき、その同僚や友人の人格が切り替わる瞬間を意識することも、一つの修業となる。


第二は、必要なときに、必要な人格が現れ、その場に処することができる段階である。

ちなみに、著者は、職業的な立場から、年間、数多くの講演を務めるが、講演のテーマによって、異なった人格を使い分けている。

例えば、著書『なぜ、我々はマネジメントの道を歩むのか』を語るときは「経営者人格」で、著書『未来を拓く君たちへ』は「教育者人格」で、『生命論パラダイムの時代』は「未来学者人格」、『意思決定　一二の心得』は「戦略家人格」、『目に見えない資本主義』

は「思想家人格」、『忘れられた叡智』は「詩人人格」で、それぞれ話をする。

第三は、複数の人格が切り替わる状況を、少し離れて見ている人格が現れる段階である。

役者の世界に、次の言葉がある。

「ある役柄を、情熱を込めて演じている自分がいる。
その自分を醒めて見ている、もう一人の自分がいる」

ここで言うのは、そうした状況であるが、円熟の役者は、さらにこう付け加える。

「その二人の自分を、さらに少し離れたところから見ている自分がいると、
最高の状態だ」

この第三の人格、すなわち、複数の人格を、少し離れて見ている自分、醒めて見ている自分が現れてくると、この「多重人格のマネジメント」も、ある段階に達したと言える。

第二二話

なぜ、多重人格のマネジメントで、多彩な才能が開花するのか？

「多重の人格」と「多彩な才能」

さて、こうした「多重人格のマネジメント」を身につけていくと、「垂直統合」の思考が円滑にできるようになるだけではない。

もう一つの大きなメリットがある。

それは何か？

多彩な才能が開花するようになる。

言葉を換えれば、「**多重人格**」（マルチパーソナリティ）を開花させることによって、「**多彩な才能**」（マルチタレント）が開花するようになる。

それは、なぜか？

「**自己限定の意識」から解放されるからである。**

こう述べると、一瞬、意味を掴みかねる読者もいるかもしれない。

面白いエピソードを通じて、分かりやすく述べよう。

ある幼稚園で、園児の太郎君と花子ちゃんが、砂場で遊んでいる。

そこに園長先生がやってきた。

遊びが終わり、太郎君は、遊びに使ったスコップを、使いっ放しにせず、元の箱に戻しに行った。

それを見て、園長先生が、大きな声で、太郎君を誉めてあげた。

「まあ、太郎君は、良い子ね！」

その園長先生の声に、嬉しそうに振り返る太郎君。

その太郎君を見て、園長先生は、もう一度大きな声で、太郎君を誉めてあげる。

「まあ、太郎君は、本当に良い子ね！」

すると、横にいた花子ちゃんが、不満そうに、園長先生に言った。

「先生、じゃあ、花子は、悪い子なの・・・？」

思わず笑ってしまう可愛らしいエピソードだが、実は、これは見事に、人間心理の機微を象徴している。

そして、「言葉」というものの怖さを、象徴的に教えている。

何を教えているのか？

「言葉」が世界を分節化する怖さ。

そして、それが、

「心」を支配してしまう怖さ。


その怖さを教えている。


すなわち、ここで園長先生が、「太郎君は、良い子ね！」と言った瞬間に、この言葉が、世界を「良い子」と「悪い子」に分けてしまう。哲学的に言えば、「分節化」してしまう。

そして、その結果、「良い子」と言われた太郎は、嬉しく思うが、「良い子」と言われなかった花子は、必然的に、自分は「悪い子」と言われたと思い始める。

このエピソードは、その「言葉」と「心」の機微の怖さを教えている。

そして、問題は、この同様の機微が、「言葉」と「心」の間ではなく、「**表層意識**」と「**深層意識**」の間でも、働くことである。

すなわち、先ほどの表現を借りれば、

「表層意識」が世界を分節化する怖さ。

そして、それが、

「深層意識」を支配してしまう怖さ。

その怖さを理解する必要がある。

「誇り高き技術屋」の自己限定

例えば、大企業などで、しばしば使われる言葉に、**「技術屋」「事務屋」という**言葉がある。一般に、大学の工学部や理学部などを出て、「技術職」として入社した人間を「技術屋」、法学部や経済学部などを出て、「事務職」として入社した人間を「事務屋」と呼ぶ習慣がある。

そして、企業の会議などで耳にする言葉が、

「私は、技術屋ですから、この設計については、一言、申しあげますが・・・」

「私は、事務屋ですので、この契約については、意見を申し上げますが・・・」


といった言葉である。

どちらも「技術屋」「事務屋」としての誇りや矜持を感じさせる好感の持てる発言ではあるが、一つ、怖いことがある。

それが、先ほどの「機微」の問題。

「私は、技術屋ですから」という言葉は、「私は技術屋ですから、技術については、それなりの見識を持っています」という肯定的な意味を持った言葉であるが、問題は、**その「表層意識」が語る言葉の裏に、次の「深層意識」が生まれてくる**ことである。

「私は技術屋なので、契約などについては、よく分かりません・・・」

すなわち、**我々が、表層意識で「ある能力を肯定する」瞬間に、深層意識では、「逆の能力を否定する」という心の動きが起こってしまう。**

そして、これが、まさに「**自己限定の深層意識**」を生み出してしまうのである。

「ペルソナ」が抑圧する才能

全く同様の「自己限定の深層意識」が、「**人格**」のマネジメントにおいても、生じる。

例えば、我々が、職場において「**優しい課長**」**という**「**人格**」(パーソナリティ)を選び、それを強い**ペルソナ**(**仮面**)として被(かぶ)って仕事をしているとする。この場合、「優しい課長」という「人格」に付随する「才能」(タレント)は、開花していくだろう。「細やかに部下の気持ちを感じ取る力」や「部下を励ます温かい言葉を選んで語る力」などの「才能」である。

しかし、一方、我々が、この「優しい課長」という「人格」だけで仕事をしていると、逆に「**辣腕の課長**」といった「人格」に付随する「才能」、例えば、「部下を強力に牽引する力」や「リスクを取って直観的判断をする力」などは、決して開花しないだろう。

なぜなら、この場合にも、「自己限定の深層意識」が生まれてしまうからだ。

「私は、部下の気持ちを感じる力や温かい言葉を語る力は有るが、
部下を牽引する力や直観的判断の力は、あまり無い・・・」

そういった深層意識である。

そして、こう述べてくると、冒頭に述べた、

「多重人格」（マルチパーソナリティ）**を開花させることによって**
「多彩な才能」（マルチタレント）**が開花するようになる**

という言葉の意味が理解できるだろう。

自分の中にある「複数の人格」を認め、受け容れることによって、「自己限定の深層意識」から解放され、それぞれの「人格」に付随する「才能」を、どれも抑圧せず、否定せず、開花させていくことができるからである。

前話において、**本来、「多重人格」という言葉は、精神病理の世界で使われる言葉である**ことを述べた。自分の中に「複数の人格」がいるにもかかわらず、互いに異なった人格を抑圧しているため、ある人格になったときには、他の人格の自分を全く忘れているという精神の状況を「多重人格の精神病理」と呼ぶ。

しかし、**自分の中に存在する「複数の人格」を自覚し、そのいずれも抑圧することなく表現することができるならば、それは「精神の病理」ではなく、「才能の開花」をもたらす**。

すなわち、この「**多重人格のマネジメント**」とは、ある意味で、**我々の才能の開花を妨げ、抑圧している「深層意識」を開放し、解放する技法でもあり、いわば「深層意識のマネジメント」に他ならない**。

「天才」の姿が教えるもの

人類の歴史を振り返るならば、かつて、その「**多彩な才能**」を開花させたがゆえに、「**天才」と呼ばれた人々**がいる。

しかし、これらの人々の姿は、決して、我々一般の人間にとって、「遠い彼方（かなた）の人間像」ではない。

なぜ、空海が、あれほど多彩な才能を開花させ得たのか？

なぜ、レオナルド・ダ・ヴィンチが、あれほど多彩な才能を開花させ得たのか？

その謎を解き明かす鍵は、この「**多重人格のマネジメント**」にある。

本書において、その具体的な技法について語る紙幅は無いが、次の機会に、この技法についても述べよう。もし、この技法の実践に興味を持たれるならば、本書の巻末に紹介する「田坂塾」を訪れてみて頂きたい。この塾には、「スーパージェネラリスト」への成長を目指し、全国から数多くの経営者やリーダーが集っている。

人類の歴史において「天才」と呼ばれた人々。

それは、何かの突然変異の人間の姿ではない。

それは、人間という存在の誰もが持っている「可能性」を教えてくれた人々であろう。

第二三話

なぜ、スーパージェネラリストの知性は、現場にあるのか？

修業時代の「最高の学びの場」

では、このスーパージェネラリストの「七つの知性の垂直統合」と「多重人格のマネジメント」を、どのようにして学んでいくか？

その学びの技法は色々とあるが、ここでは、最も身近な一つの技法を語ろう。

そして、この話は「**多重人格**」の話。ここからは、「**詩人人格**」の文体で語ってみよう。

著者が実社会に出たばかりの三〇年以上も昔、

職場での上司との会話を、懐かしく想い出す。

「おい、その席、狭いだろう。
あちらに両袖机の席が空いたから、移ったらどうだ」
その上司の声を聞いて、私は、笑いながら、答えた。
「いや、ここで結構です・・・」
すると、その上司は、怪訝(けげん)そうな顔をして言った。
「そうか、そんな狭い席でいいのか？
まあ、それならいいけど な・・・」
温かく親切な上司だった。
入社したばかりの私が、その上司の横の小さな席で、
書類を山積みにしながら働いている姿を見て、気の毒に思ったのだろう。

少し離れたところに、両袖のある大きな机の席が空いたので、
そちらに移ったほうが、仕事がしやすいだろうと思ってくれたのだ。

ただ、自分は、決して、この席を移りたくはなかった。
なぜか？

そこが「最高の学びの場」だったからだ。

その上司は、営業の達人。
毎日、彼が受ける電話を横で聞いているだけで、勉強になった。

仕事の受注の電話。
現場への業務指示の電話。
厳しい顧客からのクレームの電話。
顧客と楽しく冗談を交わす電話。

同僚との飲み会の相談の電話。
様々な電話があった。
隣の席で書類業務を行いながら、
その電話での応対に、いつも耳をそばだてていた。

勉強になった。

一つは、話術。そのリズム感。
一つは、交渉術。そのバランス感覚。
そして、人間力。相手を惹きつける人柄。
さらには、瞬間的に切り替わる人格。
声のトーンまで切り替わる、その姿。

勉強になった。

だから、その「最高の学びの場」を失いたくなかった。

だから、席を移りたくなかった。


その上司は、社会に出たばかりの私にとって、仕事の師匠だった。


その師匠から、多くのことを学んだ。

ただ、個別の「技術」、スキルやテクニックだけを学んだのではない。

「ビジョン」「志」「戦略」「戦術」「技術」そして「人間力」。

そうした様々なレベルでの知性の在り方を、この上司から学んだ。


それも、「言葉」を使って直接教えてくれたわけではない。

学びは、いつも、その「後姿」と「横顔」にある。

その上司は、私の師匠であった。

昔から師匠について語られる言葉がある。

師匠とは、同じ部屋の空気を吸え。

その通り。

師匠からスキルやテクニックだけを学ぼうとしてはならない。
師匠から学ぶのは、その全人的な空気や雰囲気も含めて、すべて。

だから、どれほど忙しくとも、
この上司から昼飯に誘われたときは、断らなかった。
冗談一つを語る姿からも、学ぶものがあった。

そして、一人の師匠に私淑して学び続けていくと、
いつか、卒業の日がやってくる。
そして、また新たな師匠が目に入ってくる。

その新たな師匠は、その企業で、すでに専務の立場にあった人物。
後に、この企業の社長、会長になった人物。
なぜか、海外出張のときは、私を「かばん持ち」に指名してくれた。

「かばん持ち」

それは、単なる「雑用係」ではない。
一人の人物から、ありとあらゆることを学べる、最高の仕事。

その専務は、深い教養のある人物であった。
海外出張の旅路において、空港の待合ラウンジで、朝食のレストランで、
若い一人のビジネスパーソンに、
しばしば「思想」を語り、「ビジョン」を語り、「志」を語った。

しかし、海外企業との交渉の席では、この専務は、卓抜な戦略家であった。

その交渉の「戦略」と「戦術」は、若い修業中の人間にとって、
目から鱗(うろこ)が落ちる経験の連続。
その若い一人の人間が、後に、戦略プロフェッショナルとしての道を歩んだのは、
すべて、この時代に、この専務から受けた薫陶の賜物。

「戦略」とは、単なる「論理思考」の産物ではない。
「戦略」とは、まぎれもない一つの「アート」である。

そのことを、体で学び続けた日々。
「戦略」とは、書物で学ぶのではなく、体で学ぶものであることを知った日々。

そして、この専務は、スキルやテクニックにおいても、卓抜。
その話術は、聴き終えた後、いつも胸が躍るような余韻。
パーティの会場では、一瞬、会場が華やぐような言葉。
文章術も、後にいくつもの著書を上梓する力量。

しかし、こうした優れた「技術」の奥に、
優れた「人間力」があることに気がついたとき、
師匠から学ぶべきものの究極を理解した。

だが、こうした著者の経験を語ると、読者は、こう思われるかもしれない。
「それは、素晴らしい上司と巡り会いましたね。
しかし、私の周りに、そうした優れた上司はいないのです・・・」

本当にそうなのだろうか。

たしかに、これほど「知性の垂直統合」を体現した人物は、多くは無いだろう。
しかし、実は、職場を見渡せば、
やはり、学ぶべきものを持った人物は、少なくない。

本当は、学ぼうとする意欲の違いではないのか。

私は、いつも、自分の今日あるは、
あの営業の達人、そして、あの専務との出会いのお陰と思う。
そして、そのことを、ためらうことなく語る。

しかし、ふと気がつく。
あの営業の達人の部下であったのは、自分だけではなかった・・・。
あの専務の部下であったのは、自分だけではなかった・・・。

もし、未熟な若者であった自分が、一つだけ人と違ったところがあったとすれば、
未熟さを知ればこそ、学ぼうと思う意欲だったのかもしれない。

学ぼうという意欲がなければ、
「かばん持ち」という仕事は、単に「かばんを持つ」という仕事。

しかし、学ぼうという意欲があれば、
「かばん持ち」は、一人の優れた人物から、様々なレベルの知性の在り方を学び、
その垂直統合の在り方を学ぶ「最高の仕事」。
二一世紀に求められる人材、「スーパージェネラリスト」に向かって
成長していくための「最高の機会」。

なぜ、スーパージェネラリストの知性が、現場にあるのか。

現場は、経営者やリーダーに、「七つの知性の垂直統合」を求めるからだ。

されば、その知性を掴むために求められるのは、
職場を見渡し、「垂直統合の知性」を持った、師匠を見つけること。
そして、私淑すること。
心の中で、「この人が私の師匠だ」と思い定め、
その人物から貪欲に学ぼうとする。

ときに、その師匠は、
「出入りの業者」と呼ばれる人々の中に、いるかもしれない。
そうした、しなやかな心の姿勢を持つとき、
「私淑すべき師匠」は、どこにでもいることに気がつく。

いずれ、我々の人生は、
「人との出会い」によって、決まる。

しかし、その「出会い」は、ただ偶然に与えられるものではない。

「成長を求める心」

「出会い」とは、
不思議なほどに、その心が引き寄せる「縁」。
それも、人生の真実であろう。

第二四話

なぜ、人類は、二〇世紀に問題を解決できなかったのか？

世界中に衝撃を与えた一冊の本

我々の人生は、「人との出会い」によって、決まる。
そして、ときに、「本との出会い」によって、決まる。
著者の人生を変えた、一冊の本がある。
四〇年余り前に発表され、世界中に衝撃を与えた、一冊の本。

『成長の限界』

世界的なシンクタンク、ローマクラブが発表した報告書。
ＭＩＴ教授のデニス・メドウズらによって予見された人類の未来。
その報告書が予見した未来は、衝撃的なものであった。

人類が、このまま成長を続けていけば、
人口爆発、食糧危機、資源枯渇、エネルギー不足、環境破壊などの
「地球規模の諸問題」によって、
一〇〇年以内に、経済の成長は限界に達し、
突然の制御不能な人口減少が生じるだろう。

当時、世界中に大きな衝撃を与えたこの報告書が、
一人の若者に、原子力工学の道を歩ませた。
それも、原子力の環境問題を解決するという道を。
まだ、スリーマイルも、チェルノブイリも、フクシマも、無かった時代。
まだ、多くの人々が、原子力に希望を見出していた時代であった。

それから幾多の歳月を重ね、すでに六〇歳を越えた、かつての若者は、思う。

あの報告書が発表されてから四〇年余り。
我々は、あの報告書が予見した諸問題を、解決することができたのか？
我々は、諸問題の解決を妨げるシステムを、変革することができたのか？

残念ながら、一つの現実が、目の前にある。
我々は、四〇年という歳月の間に、「地球規模の諸問題」を、何一つ解決できなかった。
いや、そればかりか、「地球温暖化」の問題に象徴されるように、
問題は、ますます、その深刻さを増している。

では、なぜ、人類は、二〇世紀に問題を解決できなかったのか？
もとより、二〇世紀を生きた人々が、問題解決に取り組まなかったわけではない。
問題を解決するための「技術開発」
問題を解決するための「制度改革」

いずれも、二〇世紀を生きた人々は、相応の努力を尽くしてきた。
それも、真実であろう。

では、何が問題か？
それが、本書のテーマ。

「知の変革」

すなわち、「技術の在り方」や「制度の在り方」を超えて、
我々人類の「知の在り方」そのものが、大きな問題だったのではないか？
そこにこそ、「問題の解決」と「システムの変革」が実現できない
最も根深い原因があったのではないか？

その思いから、二一年前に上梓した著書が、『生命論パラダイムの時代』であり、
一七年前に上梓した著書が、『複雑系の知』であった。

「二〇世紀の知性」が抱えていた「三つの病」

では、二一世紀、我々人類の「知の在り方」は、どう変わらなければならないのか？

「分離の病」

まず、我々は、それを克服していかなければならない。
すなわち、二〇世紀の「知の在り方」は、「三つの分離の病」を抱えていた。

第一は、「知と知の分離」。言葉を換えれば「専門主義」の病。
本来、一つであるべき知の世界が、細かい専門領域に分断されてしまい、どれほど「学際研究」や「総合的アプローチ」という言葉を掲げてみても、「専門意識」の垣根に阻まれ、互いの対話と協働が進まないという病である。

第二は、「知と行の分離」。言葉を換えれば、「分業主義」の病。
これは、「理論」を担う人間と「実践」を担う人間が分業してしまうという病。
例えば、政策立案者と行政職員、経営学者と経営者。社会評論家と社会活動家。
その結果、「実践」の検証によって「理論」を鍛えることができなくなり、
「行動」を通じて「認識」を深めていくことができなくなるという病が進んでいく。

第三は、「知と情の分離」。言葉を換えれば「客観主義」の病。
企業や市場、社会や歴史についての「理論」を客観的な視点で語る人間が、
その企業や市場、社会や歴史の「現場」において、
かけがえの無い人生を背負い、喜怒哀楽の瑞々しい感情を持って生きる
生身の人間がいることを忘れてしまうという病である。
その結果、「社員切り捨ての経営戦略論」「消費者軽視の市場戦略論」
「住民不在の政策論」「人間観欠如の歴史論」などが生まれてくる。
これが、二〇世紀の「知の在り方」が冒されていた「三つの分離の病」である。

されば、二一世紀、我々は、いかにして「三つの分離の病」を克服していくのか？

その方法として、様々なことが論じ得るだろうが、
一つ、決して忘れてはならないことがある。

ガンジーが、次の言葉を遺している。

あなたがこの世で見たいと願う変化に、
あなた自身が、なりなさい。

その通りであろう。

もし、我々が、「二一世紀の知の在り方」を論じるのであれば、
まず、我々自身が、
その「二一世紀の知の在り方」を実践し、体現する人間となるべきであろう。

その一つの人間像が、「スーパージェネラリスト」。
「知と知」を結びつけ、
「知と行」を合一させ、
「知と情」を一つにした人間像。
すなわち、「七つのレベルの知性」を垂直統合した人間像。
我々は、その新たな人間像を目指し、成長していかなければならない。

では、いかにすれば、我々は、
この「スーパージェネラリスト」へと、知性を磨いていくことができるのか？

それが、本書のテーマ。

二〇世紀が解決できなかった諸問題を前に、
人類の「知の在り方」を問うとともに、
我々一人一人が、自らに問うべきは、この問いであろう。

第二五話

「二一世紀の知性」とは、いかなる知性か？

ある思想家の墓銘碑の言葉

さて、本書も、最後の話となった。

本書のテーマは、「知性を磨く」。

ここまでの二四話では、

「そもそも、知性とは何か？」、そして、

「どのように知性を磨けばよいか？」について、読者とともに考えてきた。

最後に、次の問いを考えてみたい。

「なぜ、知性が求められるのか？」

その問いである。

この問いを考えるとき、著者の心には、
四四年前の一つの光景が、心に浮かんでくる。

大学一年の夏、一八歳のとき、友人と二人で、ヨーロッパの旅に出た。
二人の貧乏学生の慎（つつ）ましい旅ではあったが、初めての海外。
観るもの、聴くもの、すべてが新鮮な、楽しい旅であった。
空路、北欧のデンマークに降り立ち、海路、フィンランド、スウェーデンを訪問、
次いで鉄道で、ノルウェー、ドイツ、フランスを周った。
そして、最後の訪問地は、イギリスのロンドン。

そのロンドンで、必ず訪問したいと思っていた場所があった。
ロンドン郊外の森の中に静かに存在する場所。

ハイゲート墓地。

なぜ、この墓地を訪問したいと思ったのか？

ここには、人類の歴史を変えた、一人の思想家が眠っていたからだ。

この墓地を訪れ、その思想家の墓の前に佇んだとき、
目に入ってきたのは、本では何度も読んだ、有名な言葉であった。
その思想家が著作の中で残した、一つの言葉。

哲学者たちは、これまで世界を「解釈」してきたにすぎない。
大切なことは、それを「変革」することである。

The philosophers have only interpreted the world in various ways,
The point is to change it.

この墓に眠る思想家は、カール・マルクス。

時代は一九七〇年。
多くの学生が政治的な運動に身を投じた時代。
学生達は、当然の教養のごとく、マルクスの著作を読み、この言葉に触れた。
著者もまた、あの時代の多くの学生同様、
マルクスの著作を読み、この言葉に触れた。
だが、この言葉を、彼の墓銘碑に読んだとき、
心の奥深くで、一つの思いが定まった。

我々は、世界を「解釈」するにとどまってはならない。
我々は、世界を「変革」する力を身につけなければならない。

「解釈の知性」から「変革の知性」へ

もとより、現在の著者は、
マルクス主義者でもなければ、社会主義者でもない。
あれからの歳月の中で、マルクス主義という思想の限界も、深く知った。
しかし、いま振り返っても、
この思想家・マルクスの言葉は、真実を射抜いている。
そして、いま、この著書を執筆しながら振り返るとき、
彼のこの墓銘碑の言葉は、次の言葉に聞こえてくる。

「知性」は、これまで世界を「解釈」してきたにすぎない。
大切なことは、それを「変革」することである。

たしかに、そうではないか。

そもそも、なぜ、人間に「知性」というものが与えられたのか？

それは、ただ、人生や仕事において直面する問題を「解釈」するためではない。
何よりも、その問題を「解決」するためであろう。
その「解決」のために、自分自身の在り方を「変革」するためであろう。

なぜ、人類に「知性」というものが与えられたのか？

それは、ただ、人類が直面する問題を「解釈」するためではない。
何よりも、その問題を「解決」するためであろう。
その「解決」のために、人類社会の在り方を「変革」するためであろう。

そうであるならば、
「知性」というものが、ただ世界を「解釈」するためのものであってはならない。
「知性」というものは、この世界を「変革」するためのものでなければならない。

しかし、振り返れば、
二〇世紀における「知性」は、
いかに世界を「解釈」するかという「知の力」に力点が置かれ、
いかに世界を「変革」するかという「知の力」は、あまり評価されてこなかった。

されば、我々は、二一世紀、
「知性」の定義を、深化させていくべきではないのか？

もし、それを敢えて
「二〇世紀の知性」から「二一世紀の知性」への深化と呼ぶならば、
それは、「解釈の知性」から「変革の知性」への深化と呼ぶこともできる。

では、この「二一世紀の知性」への深化、
すなわち、「七つのレベルの知性」を垂直統合した「変革の知性」への深化を、
我々人類は、いかにすれば、実現していけるのか？

我々一人一人が、この「変革の知性」を体現した
「スーパージェネラリスト」へと成長していくこと。

それが、たしかな出発点であろう。

では、その先に、どのような世界が広がっているのか？

その「答えの無い問い」を心に抱き、本書を著した。

その答えを求めての旅路。

その遥かな旅路は、続く。

謝辞

最初に、光文社の古谷俊勝さん、三宅貴久さんに、感謝します。
お二人の真摯な思いが、この「知性」に関する書を生みました。

また、仕事のパートナー、藤沢久美さんに、感謝します。
藤沢さんには、いつもながら、原稿への的確なコメントを頂きました。

そして、いつも温かく執筆を見守ってくれる家族、
須美子、誓野、友に、感謝します。

いま、この富士にも、新緑の季節が巡って来ようとしています。
木々の蕾は、開花の瞬間を待つばかり。
森から、爽やかな春風が吹いてきます。
まもなく、鶯も鳴き始めるでしょう。

最後に、すでに他界した父母に、本書を捧げます。

「答えの無い問い」を問い続けること。
生涯問うても、答えなど得られぬと分かっていて、
それでも、なお、その問いを、問い続けること。

その大切さを、お二人の後姿から教えて頂きました。

人生を終える、その一瞬まで、学び続け、成長の道を歩む。

お二人の歩まれた後姿が、
六三歳を迎え、心に沁み入る時代を迎えています。

二〇一四年四月一七日

田坂広志

「技術」を語る

『成長し続けるための７７の言葉』（ＰＨＰ研究所）
『なぜ、時間を生かせないのか』（ＰＨＰ研究所）
『知的プロフェッショナルへの戦略』（講談社）
『プロフェッショナル進化論』（ＰＨＰ研究所）
『意思決定　１２の心得』（ＰＨＰ研究所）
『企画力』（ＰＨＰ研究所）
『営業力』（ダイヤモンド社）
『経営者が語るべき「言霊」とは何か』（東洋経済新報社）
『ダボス会議に見る世界のトップリーダーの話術』（東洋経済新報社）

「志」と「人間力」を語る

『未来を拓く君たちへ』（ＰＨＰ研究所）
『いかに生きるか』（ソフトバンク・クリエイティブ）
『仕事の思想』（ＰＨＰ研究所）
『なぜ、働くのか』（ＰＨＰ研究所）
『仕事の報酬とは何か』（ＰＨＰ研究所）
『人生の成功とは何か』（ＰＨＰ研究所）
『これから働き方はどう変わるのか』（ダイヤモンド社）
『なぜ、我々はマネジメントの道を歩むのか』（ＰＨＰ研究所）
『こころのマネジメント』（東洋経済新報社）

主要著書

「思想」を語る

『生命論パラダイムの時代』（ダイヤモンド社）
『未来を予見する「５つの法則」』（光文社）
『まず、世界観を変えよ』（英治出版）
『使える弁証法』（東洋経済新報社）
『複雑系の知』（講談社）
『ガイアの思想』（生産性出版）
『忘れられた叡智』（ＰＨＰ研究所）
『未来の見える階段』（サンマーク出版）
『深き思索　静かな気づき』（ＰＨＰ研究所）
『自分であり続けるために』（ＰＨＰ研究所）

「ビジョン」を語る

『目に見えない資本主義』（東洋経済新報社）
『これから何が起こるのか』（ＰＨＰ研究所）
『これから知識社会で何が起こるのか』（東洋経済新報社）
『これから日本市場で何が起こるのか』（東洋経済新報社）

「戦略」と「戦術」を語る

『まず、戦略思考を変えよ』（ダイヤモンド社）
『これから市場戦略はどう変わるのか』（ダイヤモンド社）
『複雑系の経営』（東洋経済新報社）
『暗黙知の経営』（徳間書店）
『なぜ、マネジメントが壁に突き当たるのか』（ＰＨＰ研究所）
『ひとりのメールが職場を変える』（英治出版）

「スーパージェネラリストの７つの知性」を学ぶ場
「田坂塾」への入塾を希望される方は
下記アドレスへ

tasakajuku@hiroshitasaka.jp

著者の定期メール「風の便り」配信を希望の方は
下記サイトへ

「未来からの風フォーラム」
http://www.hiroshitasaka.jp

著者へのご意見やご感想は
下記の個人アドレスへ

tasaka@hiroshitasaka.jp

著者の講演を視聴されたい方は
下記のサイトへ

You Tube「田坂広志　公式チャンネル」

田坂広志（たさかひろし）

1951年生まれ。'74年東京大学卒業。'81年同大学院修了。工学博士（原子力工学）。'87年米国シンクタンク・バテル記念研究所客員研究員。'90年日本総合研究所の設立に参画。取締役を務め、現在同研究所フェロー。'00年多摩大学大学院教授に就任。同年シンクタンク・ソフィアバンクを設立。代表就任。'03年社会起業家フォーラムを設立。代表就任。'08年世界経済フォーラム（ダボス会議）のGACメンバーに就任。'10年世界賢人会議・ブダペスト・クラブの日本代表就任。'11年東日本大震災と福島原発事故の発生に伴い内閣官房参与に就任。'13年「スーパージェネラリストの7つの知性」を学ぶ場「田坂塾」を開塾。著書は国内外で80冊余。

知性を磨く（ちせいをみがく）　「スーパージェネラリスト」の時代（じだい）

2014年5月20日初版1刷発行
2014年8月20日　　5刷発行

著　者 ── 田坂広志

発行者 ── 駒井　稔

装　幀 ── アラン・チャン

印刷所 ── 堀内印刷

製本所 ── ナショナル製本

発行所 ── 株式会社光文社
東京都文京区音羽1-16-6（〒112-8011）
http://www.kobunsha.com/

電　話 ── 編集部03（5395）8289　書籍販売部03（5395）8116
業務部03（5395）8125

メール ── sinsyo@kobunsha.com

ISBN 978-4-334-03801-4